AVALIAÇÃO PSICOPEDAGÓGICA
DA CRIANÇA DE SETE
A ONZE ANOS

COLEÇÃO PSICOPEDAGOGIA E PSICANÁLISE
Coordenação: Leny Magalhães Mrech
Nádia A. Bossa

- *Psicopedagogia e realidade escolar*
  Beatriz Scoz (org.)
- *Avaliação psicopedagógica da criança de zero a seis anos*
  Vera Barros de Oliveira e Nádia A. Bossa (orgs.)
- *Avaliação psicopedagógica da criança de sete a onze anos*
  Vera Barros de Oliveira e Nádia A. Bossa (orgs.)
- *Avaliação psicopedagógica do adolescente*
  Vera Barros de Oliveira e Nádia A. Bossa (orgs.)
- *O brincar e a criança do nascimento aos seis anos*
  Vera Barros de Oliveira (org.)

**Dados Internacionais de Catalogação na Publicação (CIP)
(Câmara Brasileira do Livro, SP, Brasil)**

Avaliação psicopedagógica da criança de sete a onze anos
Nádia A. Bossa, Vera Barros de Oliveira (Organizadoras)
20. ed. – Petrópolis, RJ : Vozes, 2013. –
(Coleção Psicopedagogia e Psicanálise)

9ª reimpressão, 2021.

ISBN 978-85-326-1646-3

1. Psicologia educacional I. Bossa, Nádia Aparecida
II. Oliveira, Vera Barros de. III. Série.

95-4603   CDD-370.15

Índices para catálogo sistemático:
1. Psicologia educacional   370.15
2. Psicopedagogia   370.15

Vera Barros de Oliveira e Nádia A. Bossa (orgs.)
Vera Barros de Oliveira, Walter Trinca, Leda Maria Codeço Barone,
Suelly Cecília Olivan Limongi, Roxane Helena Rodrigues Roje,
Maria Lúcia Lemme Weiss, Elsa L.G. Antunha

Avaliação psicopedagógica da criança de sete a onze anos

Petrópolis

© 1996, Editora Vozes Ltda.
Rua Frei Luís, 100
25689-900 Petrópolis, RJ
www.vozes.com.br
Brasil

Todos os direitos reservados. Nenhuma parte desta obra poderá ser reproduzida ou transmitida por qualquer forma e/ou quaisquer meios (eletrônico ou mecânico, incluindo fotocópia e gravação) ou arquivada em qualquer sistema ou banco de dados sem permissão escrita da editora.

CONSELHO EDITORIAL

Diretor
Gilberto Gonçalves Garcia

Editores
Aline dos Santos Carneiro
Edrian Josué Pasini
Marilac Loraine Oleniki
Welder Lancieri Marchini

Conselheiros
Francisco Morás
Ludovico Garmus
Teobaldo Heidemann
Volney J. Berkenbrock

Secretário executivo
Leonardo A.R.T. dos Santos

Editoração e org. literária: Maria Angélica A. de Mello Pisseta
Diagramação: AG.SR Desenv. Gráfico
Ilustração: Marcelo Pimentel
Capa: Aquarella Comunicação Integrada

ISBN 978-85-326-1646-3

Editado conforme o novo acordo ortográfico.

Este livro foi composto e impresso pela Editora Vozes Ltda.

SUMÁRIO

Introdução: Avaliação psicopedagógica da criança de sete a onze anos, 7
Nádia A. Bossa

Capítulo I
A compreensão de sistemas simbólicos, 15
Vera Barros de Oliveira

Capítulo II
O procedimento de desenhos-estórias na avaliação das dificuldades de aprendizagem, 47
Walter Trinca e Leda Maria Codeço Barone

Capítulo III
A linguagem na criança de sete a onze anos: O processo de construção e a educação formal, 87
Suelly Cecília Olivan Limongi

Capítulo IV
Avaliação neuropsicológica dos sete aos onze anos, 111
Elsa L.G. Antunha

Capítulo V
Subjetividade, objetividade e cristalização cultural na produção de textos de crianças de 1º grau, 129
Roxane Helena Rodrigues Rojo

Capítulo VI
A avaliação e a instituição escolar, 163
Maria Lúcia Lemme Weiss

Introdução:
Avaliação psicopedagógica da criança de sete a onze anos

Nádia A. Bossa[*]

Este livro dá prosseguimento à obra *Avaliação psicopedagógica da criança de zero a seis anos*, cuja proposta é fornecer subsídios para a avaliação dos recursos da criança para a aprendizagem. Referimo-nos à avaliação psicopedagógica, não ao diagnóstico psicopedagógico, uma vez que nosso trabalho não se restringe ao contexto da clínica, muito embora a proposta seja de um "olhar clínico". Assim como o primeiro este livro destina-se a psicopedagogos, psicólogos, professores e outros profissionais cujo trabalho requeira compreender melhor o que se passa com a criança.

O objetivo deste livro é instrumentalizar teoricamente o profissional para um *olhar psicopedagógico* que permita, através da observação das atividades espontâneas, jogos, brinquedos, desenhos, bem como da produção escolar, detectar possíveis entraves na aprendizagem. Vale lembrar que o diagnóstico é de fundamental importância para o profissional, visto

---

[*] Pedagoga, psicóloga, psicopedagoga, mestre em psicologia, doutoranda U.S.P.; professora da PUC-SP coordenadora do curso de especialização em psicopedagogia do Instituto Metodista de Ensino Superior; Autora do livro *A psicopedagogia e Psicologia no Brasil*: contribuições a partir da prática. Editora Artes Médicas; organizadora e autora do livro *Avaliação psicopedagógica da criança de zero a seis anos*. Vozes.

que norteia os procedimentos de intervenção e orienta a metodologia daquele que ensina.

Neste trabalho debruçamo-nos sobre a idade de sete a onze anos. Portanto a aprendizagem sistemática, aquela que acontece na escola, é a prioridade na vida da criança nesta fase.

Este período constitui-se o pilar de toda a escolaridade. Nas séries iniciais a criança constrói a base do repertório científico que irá sustentar toda a sua vida acadêmica. Ainda nas séries iniciais a criança inaugura uma relação positiva ou não com a escola. A qualidade dessa relação, bem como a solidez dessa base, dependem não só dos recursos internos da criança, mas principalmente das condições internas e de formação do adulto que faz essa mediação.

Quando falo na *formação* de adulto que faz a mediação, refiro-me também aos conhecimentos que devem pautar as ações dos profissionais que estejam envolvidos no processo de aprendizagem da criança, seja na escola ou na clínica. Trataremos nos capítulos a seguir de fornecer subsídios teórico-práticos para que se possa *olhar* além do aparente e reconhecer, como disse anteriormente, nas atividades da criança de sete a onze anos, a lógica particular que fundamenta suas ações.

Sabemos da psicologia genética que um observável não está definido enquanto tal, até que se disponha de um esquema interpretativo que lhe permita o acesso. As coisas estão no mundo porém são vistas de acordo com nossas possibilidades intelectuais e emocionais. Nos diversos momentos de nossa vida aprendemos e representamos a realidade de um modo particular, consequência de uma certa ordem interna no processo evolutivo do ser humano, que influencia e é influenciado pela história de vida de cada um. Não é válido pensar que a partir de um suposto contato não mediatizado com o objeto do conhecimento se possa apreendê-lo. O dado não está à vista para ser lido, senão que é o resultado de uma construção.

É bem conhecido o exemplo da não conservação do plano horizontal no deslocamento do líquido contido num receptáculo que é inclinado. Sabemos que a conservação da horizontalidade é o resultado de um longo caminho de construção e não é um fato apreensível através da experiência, pois é inegável o contato da criança com esta situação, e no entanto, quando perguntamos a uma criança sobre o que acontece com um líquido quando o recipiente que o contém é inclinado, por muito tempo ela responderá que o mesmo inclina juntamente com o recipiente. Ocorre que para poder ler ou registrar um fato é necessário possuir instrumentos adequados de leitura ou registro e, contrariamente à afirmação do senso comum, a visão não é o único instrumento de registro.

Encontrar o plano horizontal implica deixar o receptáculo e seus pontos de referência interiores e procurar um sistema de referência inerente ao líquido.

O conflito cognoscitivo se constitui em motor do processo de aprendizagem, posto que promove a construção de teorias mais abrangentes com o propósito de absorver a perturbação dentro de um sistema no qual resulte coerente.

Consideramos que, como especialistas no campo de aprendizagem, torna-se fundamental conhecer o conjunto de leis que regem o processo de construção do conhecimento em geral, bem como os inerentes à construção de cada área do conhecimento em particular.

Somente e na medida em que conhecemos as leis que caracterizam sua origem e evolução, podemos diferenciar aquilo que se constitui como sintomático, daquilo que faz parte das normas inerentes ao processo de construção.

As investigações realizadas por Emília Ferreiro acerca da construção da leitura e escrita é um bom exemplo das afirmações acima e nos leva a redefinir, entre várias outras coisas, uma etapa de construção da leitura e escrita, que muitas vezes é entendida como problema, e até mesmo referida como sintoma da dislexia. Onde, a partir do nosso ponto de vista adulto-mórfico, poderíamos dizer que "faltam" letras, que a criança omite, na verdade não falta nada, desde a normatividade de quem aprende, de quem está manejando com hipóteses absolutamente coerentes em relação ao momento de construção de seu conhecimento da língua escrita.

Segundo Ferreiro, as soluções originais das crianças representam a distorção provocada pela impossibilidade de assimilar um conteúdo apresentado, ou o modo de assimilação própria da criança naquele momento. As hipóteses levantadas pelo sujeito que aprende mesmo que não possam ser compreendidas no âmbito familiar e escolar aparecem como tentativa do sujeito de dizer a sua verdade.

Seguindo o nosso propósito de oferecer elementos para a avaliação psicopedagógica da criança em idade escolar algumas questões devem ser colocadas:

Quem é a criança que ingressa na escola?

Quais são os aspectos da sua produção que atendem à dita normatividade?

O que fica fora?

Essas questões são respondidas ao longo desse trabalho. Em cada capítulo o leitor encontrará informações sobre o processo evolutivo da criança de sete a onze anos, bem como indicações sobre o que é normal e o que é sintomático nesse processo.

Aos sete anos, quando a criança ingressa na primeira série, se tudo correu bem, as letras e os números se tornam tão importantes quanto os brinquedos, e a curiosidade sexual cede lugar à curiosidade pelo conhecimento.

Os esquemas mentais permitem o acesso aos símbolos arbitrários que configuram o mundo letrado. Pela superação do realismo nominal** a criança vai ser capaz de focalizar a palavra como uma sequência de sons cujas características independem do objeto que ela representa. Pode, portanto, entender o que a escrita representa e como representa.

É capaz ainda de representar quantidades através de números, representações abstratas que não guardam qualquer relação direta com o seu significado e operar essas quantidades.

Por ter superado a linguagem egocêntrica, aspecto que foi tratado no livro anterior, a criança nesta faixa etária adquire capacidade de pensar de forma lógica. Lógica esta que vai se tornando cada vez mais sofisticada na medida em que a criança se aproxima da adolescência. Esta sofisticação só é possível, conforme veremos nos próximos capítulos, desde que o meio ofereça as condições necessárias.

Assim, nesta fase a criança passa a compreender melhor o pensamento do outro, bem como sente necessidade de que seu pensamento seja compreendido. Essas transformações alteram profundamente a conduta no brincar, aumentando inclusive o interesse pelos jogos de regras, as quais agora são compartilhadas e respeitadas.

Dos sete aos onze anos a criança desenvolve a capacidade de resolver mentalmente problemas que antes eram resolvidos a partir de ações concretas. É a fase da interiorização crescente do pensamento, o que a torna capaz de realizar operações mentais. Ao longo desses anos a criança será capaz de seriar, classificar e conservar, libertando-se cada vez mais da experiência concreta até que dada uma certa rea-

---

** Realismo nominal: estágio de desenvolvimento cognitivo demonstrado por Piaget, onde a criança não consegue conceber a palavra e o objeto a que este se refere como duas realidades distintas.

lidade será capaz de aplicar mentalmente um conjunto de transformações possíveis, tema que será tratado no próximo volume da série.

Por outro lado, nesta idade também a criança aprende a competir e compartilhar, porém é preciso um longo processo de aprendizagem. Inicialmente triunfa-se sobre alguém para posteriormente triunfar com alguém. O jogo que a princípio significa aniquilar, nesta fase simboliza para a criança o manejo de suas forças internas no sentido da adaptação e conhecimento do mundo. Jogar em grupo e jogar pelas regras é uma forma de canalizar produtivamente os impulsos, tirando proveito e dando-lhes vazão sem perder o controle sobre eles. Além disso o jogo, muitas vezes, requer um bom nível de atenção e concentração e dos sete aos onze anos a criança já dispõe dessa condição.

Nesta fase da vida, se tudo correu bem conforme já disse anteriormente, a criança vai sutilmente afastando-se dos temas da família e aos poucos tomando parte em diferentes tipos de grupos, times e turmas. Fazer parte de um time exige lealdade e empenho e esses são construídos agora através das relações sociais. É o momento de administrar o sentimento de rivalidade que surgiu através das vivências edípicas e que é desdobrado nas relações sociais. Num primeiro momento meninos e meninas se separam, os conhecidos clubes do Bolinha e Luluzinha, para posteriormente cederem lugar aos agrupamentos por outras características onde já se encontra os rudimentos das regras de socialização adulta.

Faço neste ponto as considerações acerca da prática psicopedagógica. Vale lembrar que a relação da criança com o adulto, nesta fase, é sempre mediada pela atividade e, portanto, qualquer intervenção é sempre pautada na realização de uma tarefa que pressupõe a participação do adulto, quer seja incluindo-se no jogo, quer seja interpretando a conduta da criança ao jogar. Assim, um procedimento muito eficiente na avaliação psicopedagógica da criança de sete aos onze anos consiste no jogar.

Jogar com a criança permite ao psicopedagogo reconhecer e compreender o seu mundo interno, suas transferências positivas e negativas, necessidades, ansiedades básicas e os mecanismos que estão na base das relações objetais. Permite ainda reconhecer a fantasia inconsciente de sua enfermidade bem como de cura.

Sabemos ainda que através da atividade lúdica a criança expressa seus conflitos, o que nos permite reconstruir seu passado, assim como no adulto fazemo-lo através das palavras. A observação, bem como a participação na brincadeira da criança, permite-nos reconhecer a normalidade no processo de desenvolvimento.

Vimos no livro *Avaliação psicopedagógica de zero a seis anos* que o não brincar é indício de neurose grave e que o não brincar no momento adequado com o brinquedo certo acarreta perturbações. Chamo de brinquedo certo aquele que possibilita a elaboração dos conflitos traumáticos e dolorosos que fazem parte do crescimento. Sabemos que existe um modo de brincar específico a cada idade, que cumpre exatamente essa função de elaboração dos conflitos e que é consequência ainda das condições intelectuais do momento. Assim, no período de sete a onze anos, como já vimos, a criança interessa-se sobretudo pelos jogos de regras. O ludo, dominó, corridas, cartas de baralho, banco imobiliário, trilha, dama, xadrez, permitem à criança o manejo de suas forças internas na luta pela adaptação e conhecimento do mundo.

Os jogos combinam sorte e aptidão intelectual e permitem simbolizar as vicissitudes impostas pela vida. O ludo representa uma prisão inicial cuja saída depende da sorte, uma vez liberto percorre um caminho onde aparecem obstáculos e vantagens que podem levar ao sucesso ou ao fracasso. Alguns jogos como dama, xadrez e baralho significam o ingresso no mundo adulto. Vencer nesses jogos simboliza competir e vencer o adulto, e depende do bom conhecimento e manejo das regras além das próprias habilidades. Planejar, antecipando mentalmente as jogadas, requer habilidades intelectuais bem como maturidade. Muitas vezes é preciso postergar a satisfação de triunfar em uma jogada para obter um resultado mais eficiente mais adiante. No banco imobiliário a sorte é combinada com as boas ou más decisões, assim como na vida.

A forma como a criança joga revela a sua personalidade e como está estruturando o seu modo de relacionar-se com o mundo, as angústias e culpas que o ganhar e o perder acarreta.

Na minha atividade enquanto psicopedagoga sempre jogo com as crianças que frequentam meu consultório. Algumas vezes esses jogos me permitem saber mais sobre a vida psíquica dessas crianças, outras vezes me permitem saber sobre a dinâmica familiar. Nesses momentos decodifico e nomeio as angústias e culpas no ganhar e perder, os ataques e revides, a reparação, a onipotência, a inveja e a raiva. Além disso a criança me revela as condições do seu pensamento. Posso reconhecer, através do modo como joga, a sua capacidade de ordenar, seriar, classificar, a forma como lida com as sucessões e categorias, bem como sua capacidade de compreender e utilizar as informações que recebe do meio.

Assim, a proposta do nosso livro é oferecer os elementos para que se possa ao jogar com a criança de sete a onze anos, ao olhar sua tarefa escolar, o seu desenho, a sua brincadeira ou ainda ouvir o seu discurso, saber o que se passa, para depois, se for o caso, intervir.

capítulo I

Vera Barros de Oliveira

A compreensão de sistemas simbólicos

Vera Barros de Oliveira*

A inteligência se constrói através da organização do vivido, num contínuo vaivém, num recomeçar incessante, no qual o sujeito, sempre pressionado pela falta, se abre e se esforça para chegar ao objeto. Ao assimilá-lo, cresce, se expande, experiencia novas faltas e volta a ousar agir.

Nessa interação contínua há portanto dois movimentos opostos e complementares: um de transformação interna das próprias estruturas para se acomodar ao objeto (centrífugo), e outro de integração, assimilando-o (centrípeto).

Ora, essa dinâmica supõe um equilíbrio, com coordenação e flexibilidade crescentes, só possível graças a uma organização interna, progressivamente ágil e coerente. O processo de estruturação mental visa, em suma, garantir e optimizar a adaptação ao meio, que se dá justamente através de uma equilibração cada vez maior, mais móvel e constante entre esses dois movimentos básicos de ir e vir.

A criança nasce com a possibilidade de vir a estabelecer essa relação com o objeto de forma estruturada e interativa, mas cabe a ela construí-la através da própria ação.

---

* Doutora em psicologia escolar – USP; professora titular em pós-graduação do Dep. Psicologia da Saúde do Instituto Metodista de Ensino Superior – IMS; coordenadora do curso de psicopedagogia institucional *lato-sensu* – IMS; psicóloga clínica infantil.

A aprendizagem nasce com a vida e com ela se desenvolve. A passagem da ação à representação se dá através de um fazer prático e incessante que pouco a pouco, ao ir organizando o contexto vivido, vai internalizando essa ação.

O ir e vir cresce e se redimensiona com a formação e utilização do símbolo, que funciona como se fosse o objeto, sem sê-lo, nada tendo de concreto, sendo uma vecção, significante-significado. Pouco a pouco, a criança aprende a organizar suas representações verbais e imagéticas em sistemas autorreguláveis e transformáveis.

Essa é a passagem da ação à representação e da representação à operação, que constitui o processo de abstração reflexiva e vem a ser o grande desafio do homem.

Essa conquista não se dá de forma linear. A expressão "refletir" deveria ser aqui entendida, segundo Piaget, em seus dois sentidos: o de "pensar sobre" e o de "espelhar". Na espiral evolutiva, as situações significativas seriam assim transpostas virtualmente (espelhadas) para planos superiores, onde seriam melhor compreendidas (pensadas mais abstratamente).

Por outro lado as situações vividas, ao trazerem consigo suas "flutuações" constantes, exigiriam um esforço contínuo de adaptação, de inserção das "desordens locais" na "ordem geral". O processo evolutivo se caracterizaria assim por um conjunto de constantes rupturas e retomadas em planos mais amplos e elevados, conjunto esse sempre regulado pelo próprio sujeito. As teorias da ordem pelo ruído (*order from noise*), formalizadas por Foerster (1960), teriam encontrado em Piaget um simpatizante, segundo Piatelli-Palmarini (1983).

A partir dessa perspectiva, os problemas de aprendizagem podem ser vistos como uma dificuldade em tratar com ordem, autonomia e espontaneidade, os imprevistos do percurso, os "ruídos".

A aprendizagem seria portanto criativa por natureza, descobrindo ou inventando novos meios de reorganizar a realidade, de readquirir o curso da ordem abalada, sem perder o caráter pessoal de seu timoneiro. Sua finalidade primeira seria a de conduzir ao conhecimento de si mesmo, do objeto e, principalmente, da relação sujeito-objeto.

A problemática da aprendizagem, campo e objeto do estudo da psicopedagogia procura justamente deslindar 'por que e como' uma criança que nasce com uma herança genética que a impele a ir em busca do conhecimento, chega muitas vezes a se inibir, se enrijecer, se fechar ou se desorganizar frente ao meio.

A proposta desta avaliação psicopedagógica, ao se basear na epistemologia genética, procura acompanhar o processo de desenvolvimento refletindo sobre a relação estrutural sujeito-objeto.

Através de uma leitura sintático-semântica, vamos aqui buscar analisar a forma (aspecto lógico das estruturas mentais) como a criança está organizando sua história de vida (aspecto genético das estruturas mentais).

A fim de melhor compreender esse momento, o chamado período operatório-concreto, vamos buscar inseri-lo de forma dinâmica no processo de abstração reflexiva. Através de uma visão sistêmica, retomaremos aspectos que consideramos essenciais na forma da criança interagir, dos períodos anteriores e do período operatório-formal.

Convidamos você, leitor, a nos seguir nessa grande e misteriosa escalada, acompanhando mais de perto as grandes transformações estruturais que se manifestam no comportamento da criança na conquista desses três universos, ainda desconhecidos ao nascer: o das ações, o das representações e o das operações.

1. O UNIVERSO DAS AÇÕES

O bebê ao nascer não sabe agir. Ele aprende a fazê-lo a partir dos movimentos reflexos, programados, e pouco a pouco se libera de parte dessa programação reflexa, mas sua ação continua a ter características rítmicas, repetitivas e conservadoras, aumentando gradativamente suas explorações ao meio.

O nascimento da inteligência se manifesta apro ximadamente aos 8 meses, evidenciando várias conquistas complementares: a coordenação dos esquemas secundários, com a clara separação de meios e fins (a transitividade); a intencionalidade da ação e a noção de objeto permanente. Pela primeira vez a relação sujeito-objeto se constitui de forma mais clara, descentralizada, vencendo o adualismo inicial do bebê (não separação sujeito-objeto). Desde o início a inteligência se põe a serviço da interação com o meio.

A organização da realidade se faz de forma prática e imediata

Ao interagir intencionalmente o bebê começa a estabelecer certos vínculos entre sua ação e alterações causadas no objeto. Esses chamados "vínculos causais" são os precursores da causalidade operatória, assim como a constituição do objeto permanente o é da noção de conservação. Da mesma forma, o engatinhar ou andar do bebê em deslocamentos espaciais prefiguram a reversibilidade operatória, pois quando o bebê vai do berço até a porta e depois volta está aprendendo a reconhecer um mesmo caminho em dois sentidos inversos.

Da mesma forma, o vivenciar uma rotina diária, como o ser amamentado ao acordar, depois ser trocado, ir dar um passeio de carrinho, etc., participando ativamente de uma sequência temporal, faz com que vá registrando essas regularidades, tentando reproduzi-las respeitando sua ordenação. O bebê já acha falta do passeio após ter trocado e, mesmo sem falar, consegue se expressar, fazendo-se entender através de uma comunicação gestual e pré-verbal significativa para a mãe.

As grandes categorias do real, espaço, tempo, objeto e causalidade são esboçadas assim através da ação prática da criança, que ainda não visa compreender o mundo, mas conseguir o que quer, aqui e agora.

Como pudemos observar (OLIVEIRA, 1992), estas idas e vindas no início têm um caráter físico e o corpo da criança representa o núcleo de organização da ação.

Abstração empírica

A forma como a criança organiza seu meio é essencialmente prática e se processa através da experiência. O bebê ao brincar com seu ursinho ou chupar a borda do cobertor está continuamente conhecendo esses objetos, percebendo como funcionam em relação a si. Essas primeiras "classificações" (*classements*) são, portanto, práticas e centralizadas no sujeito, mas são a base estrutural das futuras classificações simbólicas e operatórias.

É a partir dessas idas até o objeto e constatações empíricas do que pode fazer com ele, de que gosto, cheiro, peso ele tem, que a criança inicia seu processo de formação de conceitos.

Nessa idade o bebê pensa, se expressa e se comunica com o corpo. O sentir-se integrado, inserido num contexto que ele reconhece como seu, é condição de toda capacidade de abstração e consequente registro e generalização.

O momento presente funciona como o núcleo primeiro de toda construção do real, com seus laços pró e retroativos começando a se esboçar.

Quando a criança percebe que o contexto em que vive de certa forma se conserva, se mantém, ela começa a ousar mais, porque confia no reencontro das pessoas que quer bem, de seu território e de suas coisas.

O reencontro é o grande gerador da representação

Os esquemas motores são predominantemente conservadores no início. Como pudemos já comprovar, a criança como que tem necessidade de um porto seguro, centralizado em si, em seu contexto mais imediato, para daí se aventurar em inovações. A organização da realidade concreta só pode ser possível se essa realidade se conservar e puder ser revivida, como nos rituais tão amados pelas crianças. São esses rituais pré-simbólicos, como a hora de dormir, quando a mãe canta a mesma música e o bebê se aninha aconchegado a seu cobertorzinho, que abrem caminho para as representações simbólicas.

2. O UNIVERSO DAS REPRESENTAÇÕES

O movimento pendular, oscilatório, cede paulatinamente lugar às ordenações simbólicas, para que as primeiras autorregulações se efetuem. O rítmico vaivém dos esquemas motores cria condições para que as primeiras autorregulações se manifestem. Todo comportamento manifesto supõe um período latente de formação. Essa construção se dá com o registro cada vez maior e mais internalizado do vivido.

A forma de interagir com o meio não só se amplia consideravelmente, mas se transforma qualitativamente, com o ingresso na dimensão simbólica. A criança se torna capaz de distinguir o significante do significado, conseguindo uma maneira muito mais ampla e abstrata de se relacionar com o objeto, não se limitando a uma interação concreta. Aprende a representar os objetos significativos por palavras (signos verbais) e por imagens mentais (símbolos imagéticos).

A memória pessoal

O símbolo possibilita à criança se conectar a dimensões espaçotemporais cada vez mais distantes do momento presente. A memória de evocação substitui e engloba a de reconhecimento. Ao plano do movimento no qual a criança agia (sincrônico) acrescenta-se o das lembranças imagéticas (diacrônico).

As primeiras representações anamnésicas, assim como as primeiras palavras, aparecem inicialmente de maneira esparsa inseridas em contextos de ação motora, conservando seu caráter ondulatório. Só pouco a pouco se alongam em sequências mais estruturadas.

A emergência das manifestações da função semiótica

Essa passagem do ritmo à autorregulação com ordenação crescente é observada nas diversas manifestações semióticas, como a linguagem, a brincadeira simbólica, a imitação na ausência do modelo, a memória de evocação através da imagem mental, a fabulação lúdica.

Essa organização tem na *linguagem* o seu instrumento maior. Ela mantém o tempo todo a dupla vecção das demais manifestações simbólicas, a pessoal (de expressão própria) e a social (de comunicação), consolidando a formação da identidade pessoal e sociocultural, com a crescente tomada de consciência de si, do outro e da relação eu-outro. Mas a linguagem, apesar de ser o instrumento maior da ordenação do pensamento e da tomada de consciência, é uma manifestação de uma função mais abrangente, o símbolo, que tem em sua base o motor dessa organização, os sistemas lógicos e estruturais que garantem e ordenam a dinâmica de interação com o meio.

Portanto, as manifestações simbólicas não podem ser compreendidas isoladamente. Elas provêm da internalização da ação, abrem caminho às operações e devem ser vistas como vetores de interação por excelência.

O símbolo como função integradora da personalidade

A nível pessoal, entre outras conexões vitais, são as manifestações simbólicas as responsáveis pela inserção do momento presente, do aqui e agora, na história de vida, com laços para o passado e o futuro; são elas que formam a consciência individual mantendo-a em contínua ligação com mecanismos inconscientes; são elas em suma que constroem nossa identidade pessoal.

A nível social, são os principais agentes da interação sujeito-objeto (eu-outro, numa leitura psicológica) estando presentes a todos os movimentos de introjeção e projeção; são elas que, iluminadas pela lógica, possibilitam que nos expressemos e comuniquemos de forma original e criativa; são elas, em síntese, que também constroem nossa identidade histórico-sócio-cultural.

Em uma palavra, é o símbolo que nos torna humanos, no dizer de Cassirer (1977).

O símbolo abre caminho ao social

Vemos assim que o processo de estruturação mental caminha através das representações simbólicas em suas duas vertentes que se comunicam o tempo todo: a pessoal e a social. O processo de sociabilização é, portanto, solidário ao cognitivo e ao afetivo-emocional. Para Piaget, os afetos e emoções estão presentes a toda interação, sendo seu aspecto energético.

O modo de brincar da criança reflete esta passagem do subjetivo ao objetivo, do eu ao outro, com o declínio da brincadeira simbólica e o nascimento do jogo de regras, por volta dos 5 anos, onde o outro é pouco a pouco mais percebido e respeitado como alguém separado, que também pensa, que gosta de ganhar e sofre ao perder. A construção da moralidade se afirma no social vivido e internalizado.

As representações simbólicas têm subjacente a si toda uma organização lógica que busca sempre objetividade, coerência e flexibilidade. Elas conduzem assim a uma descentralização progressiva, na qual tanto o sujeito como o objeto se transformam em sistemas abertos cada vez mais dinâmicos e interativos.

O processo de estruturação só é possível com a tomada de consciência dessa integração e interação. O sujeito se percebe como autor da própria história, passando do fazer ao compreender, ao tomar consciência da forma como organiza a sua vida.

3. O UNIVERSO DAS OPERAÇÕES

Ao lidar com representações a criança, aos poucos, constrói verdadeiros sistemas objetivos, coerentes e reversíveis, ou seja, ela começa a operar.

É quando ela completa sua alfabetização, compreendendo a lógica e o significado da escrita.

É quando compreende a noção de número, conciliando a série à classe.

As operações lógicas constroem seus alicerces nas ações gerais de reunião ou ordenação que a criança faz desde pequenina. A compreensão das classes é assegurada desde as assimilações sensório-motoras, mas a extensão dos conceitos só é acessível através da linguagem no operatório.

A compreensão diz respeito à abstração das qualidades do objeto e a extensão refere-se às quantidades, exigindo um pensamento muito mais objetivo e preciso.

Toda classe possui uma compreensão e uma extensão, aspectos lógicos necessariamente complementares do todo.

As estruturas mentais propriamente ditas, as operatórias, são sistemas de transformação, autorreguláveis. Ao longo do período pré-operatório (de 2 a 6/7 anos) a criança aprende a se utilizar das estruturas representativas para compor, corrigir, compensar, etc., seus esquemas de ação internalizada a fim de melhor interagir com o meio. Quanto mais perto ela chega de conseguir integrar suas representações em todos reversíveis, mais ela agiliza suas trocas com o meio de forma lógica, operatória.

A evolução é sempre sintático-semântica, os sistemas lógicos organizando os de significação da realidade vivida, através da classificação de suas grandes categorias espaçotemporais, objetais e causais.

A fim de melhor compreender essa passagem das ações às operações, vamos, para exemplificar, tentar acompanhar com Piaget *a construção das estruturas espaçotemporais,* enfocando as espaciais, distinguindo momentos significativos desse processo:

1) Inexistência de noção espacial e ordem temporal com ausência de objetos.

2) Descoberta de vários espaços heterogêneos centrados no próprio corpo e impressões temporais, já com espera de, mas ainda sem coordenação objetiva.

e abstrata de se relacionar com o objeto, não se limitando a uma interação concreta. Aprende a representar os objetos significativos por palavras (signos verbais) e por imagens mentais (símbolos imagéticos).

A memória pessoal

O símbolo possibilita à criança se conectar a dimensões espaçotemporais cada vez mais distantes do momento presente. A memória de evocação substitui e engloba a de reconhecimento. Ao plano do movimento no qual a criança agia (sincrônico) acrescenta-se o das lembranças imagéticas (diacrônico).

As primeiras representações anamnésicas, assim como as primeiras palavras, aparecem inicialmente de maneira esparsa inseridas em contextos de ação motora, conservando seu caráter ondulatório. Só pouco a pouco se alongam em sequências mais estruturadas.

A emergência das manifestações da função semiótica

Essa passagem do ritmo à autorregulação com ordenação crescente é observada nas diversas manifestações semióticas, como a linguagem, a brincadeira simbólica, a imitação na ausência do modelo, a memória de evocação através da imagem mental, a fabulação lúdica.

Essa organização tem na *linguagem* o seu instrumento maior. Ela mantém o tempo todo a dupla vecção das demais manifestações simbólicas, a pessoal (de expressão própria) e a social (de comunicação), consolidando a formação da identidade pessoal e sociocultural, com a crescente tomada de consciência de si, do outro e da relação eu-outro. Mas a linguagem, apesar de ser o instrumento maior da ordenação do pensamento e da tomada de consciência, é uma manifestação de uma função mais abrangente, o símbolo, que tem em sua base o motor dessa organização, os sistemas lógicos e estruturais que garantem e ordenam a dinâmica de interação com o meio.

Portanto, as manifestações simbólicas não podem ser compreendidas isoladamente. Elas provêm da internalização da ação, abrem caminho às operações e devem ser vistas como vetores de interação por excelência.

O símbolo como função integradora da personalidade

A nível pessoal, entre outras conexões vitais, são as manifestações simbólicas as responsáveis pela inserção do momento presente, do aqui e agora, na história de vida, com laços para o passado e o futuro; são elas que formam a consciência individual mantendo-a em contínua ligação com mecanismos inconscientes; são elas em suma que constroem nossa identidade pessoal.

A nível social, são os principais agentes da interação sujeito-objeto (eu-outro, numa leitura psicológica) estando presentes a todos os movimentos de introjeção e projeção; são elas que, iluminadas pela lógica, possibilitam que nos expressemos e comuniquemos de forma original e criativa; são elas, em síntese, que também constroem nossa identidade histórico-sócio-cultural.

Em uma palavra, é o símbolo que nos torna humanos, no dizer de Cassirer (1977).

O símbolo abre caminho ao social

Vemos assim que o processo de estruturação mental caminha através das representações simbólicas em suas duas vertentes que se comunicam o tempo todo: a pessoal e a social. O processo de sociabilização é, portanto, solidário ao cognitivo e ao afe-

3) Coordenação dos primeiros espaços heterogêneos, como o da boca e da mão, acompanhada de início de coordenação objetiva.

4) Começo da busca intencional de objeto localizado no espaço, com a constituição da noção de permanência do objeto.

5) Consequente organização do espaço prático através de "grupos de deslocamentos" com idas e vindas. Organização do tempo prático. Reconhecimento de sequências espaçotemporais vividas. Rituais pré-simbólicos.

6) Internalização da ação vivida no tempo e no espaço reconhecíveis. Reconstrução progressiva no plano da representação do que já domina na realidade concreta.

7) Crescente descentralização da representação, como havia feito no plano da ação. Utilização de referenciais externos, objetivos em deslocamentos cada vez maiores.

8) Maior utilização de referenciais internos evocados associados aos externos, percebidos. Reconhecimento e orientação em percursos cada vez maiores e mais complexos. Lembranças espaciais ainda de certa forma motoras, apoiadas em deslocamentos físicos. Não consegue ainda reconstituir mentalmente e verbalizar o percurso feito.

9) A criança se apoia cada vez mais em seu mundo interno e se libera dos indícios perceptivos. Começa a reconstruir mentalmente caminhos de ir e vir, verbalizando-os, chegando mesmo a antecipar a representação à ação. Insere gradativamente pequenas sequências espaçotemporais em todos reproduzidos de forma cada vez mais sistêmica e dinâmica.

10. Conquista a totalidade reversível espaçotemporal operatória, com a compreensão da possibilidade da intersecção cinemática das partes no todo e de

sua ordenação. É capaz de antecipar e representar verbalmente de forma lógica e compreensível sequências espaçotemporais cada vez mais complexas e quantificadas.

O processo de abstração reflexiva

Vemos assim como o processo de estruturação mental deve ser compreendido como um todo extremamente dinâmico onde sujeito e objeto se separam, se afirmam e se integram de forma complementar e progressiva. Vemos também como as representações reorganizam a realidade num plano superior e possibilitam a compreensão operatória de totalidades reversíveis. Vemos finalmente como esta compreensão supõe a descoberta de referenciais externos ao eu, objetivos, quantificáveis e estáveis, possibilitando classificações e ordenações, admitindo transformações. Esse é o caminho percorrido pelo sujeito na passagem do fazer ao compreender.

Os agrupamentos algébricos como modelo do pensamento operatório

Como nos lembra Ramozzi-Chiarottino (1972), Piaget levantou a hipótese de que a forma de pensar operatória seria análoga à dos agrupamentos algébricos, obedecendo ao mesmo conjunto de leis ou regras. Vejamos quais são elas.

Leis do Agrupamento

1. Lei da composição – Expressa a possibilidade de composição de dois elementos, classes ou relações em um terceiro que os contenha.
   Ex. $a + a' = b; b + b' = c$; etc.

2. Lei da reversibilidade – Expressa a possibilidade de que toda operação admite uma inversão; assim, toda adição supõe uma subtração, toda multiplicação uma divisão, etc.

Ex. x + y = z; y - z; etc.

3. Lei da associatividade – Expressa a possibilidade de se conseguir o mesmo resultado através de diversas operações alternativas.

Ex. a + b + c = b + c + a = b + a + c; etc.

4. Lei da operação idêntica geral – Combinando uma operação à sua inversa ela se anula.

Ex. a - a = 0

5. Lei da tautologia ou idênticas especiais – Uma unidade quantitativa reunida à sua idêntica produz uma nova quantidade, ao passo que uma unidade qualitativa reunida à sua idêntica não se altera.

Ex. 1 + 1 = 2

beleza + beleza = beleza

O *agrupamento preliminar das igualdades* diz que, se dois elementos são iguais a um terceiro, são iguais entre si.

Ex. a = b e b = a => a = c

Os agrupamentos

São em número de oito, quatro relativos às classes e quatro às relações de série. Devem ser vistos sempre em conjunto. Descrevem as diversas possibilidades aditivas e multiplicativas, de se classificar e seriar:

Agrupamento I – Dos encaixes simples ou inclusões. Expressa como a criança compreende, por exemplo, que a classe dos fox está incluída na dos cachorros, esta na dos caninos, etc.

Agrupamento II – Da soma secundária de classes. Refere-se à compreensão pela criança de que, por exemplo, a classe das rosas mais a classe das não rosas é equivalente à classe das margaridas mais a classe das não margaridas.

Agrupamento III – Da multiplicação bi-unívoca de classes. Refere-se à possibilidade de a criança classificar objetos segundo dois ou mais critérios simultâneos, como nas tabelas de duas ou mais entradas.

Ex.

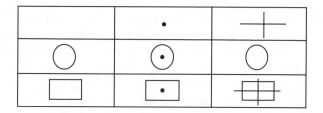

Agrupamento IV – Da multiplicação counívoca de classes. Refere-se à possibilidade de compreensão de uma estrutura com ramificações que se multiplicam, como, por exemplo, a de uma árvore genealógica.

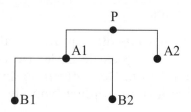

A criança percebe que A1 é ao mesmo tempo filho de P, irmão de A2, pai de B1 e B2.

Agrupamento V – Da soma de relações assimétricas. Descreve o encadeamento de relações assimétricas transitivas, ou seja, a compreensão de que em uma série há sempre a possibilidade de se estabelecer uma relação inversa. Assim, se Ana é mais velha que Maria, esta é mais moça que Ana.

Agrupamento VI – Da soma de relações simétricas. Expressa, por exemplo, relações de parentesco simétricas. A criança compreende que se A1 é irmão de A2, eles têm o mesmo pai (P); se B1 e B2 são irmãos e primos-irmãos de B3, eles têm o mesmo avô (P).

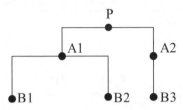

Agrupamento VII – Da multiplicação biunívoca de relações. Expressa a possibilidade de trabalhar ao mesmo tempo com duas séries, buscando a correspondência segundo uma ou duas relações. É a possibilidade de construir:

– Correspondências seriais ordenando as duas séries, segundo a mesma relação. Quando a criança, por exemplo, ordena uma série de carrinhos por tamanho e vai colocando dentro de cada um um bloco, também de tamanho cada vez menor.

– Ordenando duas séries, segundo duas relações simultâneas, como cor e forma.

Agrupamento VIII – Da multiplicação counívoca de classes. Refere-se à possibilidade de estabelecer ao mesmo tempo várias relações, em várias dimensões simétricas ou não. Por exemplo ao compreender várias possibilidades de relacionar os parentes em uma árvore genealógica conforme várias perspectivas. Assim, numa visão de cima para baixo, vertical, P é pai de A1 e A2. Numa leitura horizontal, A1 é irmão de A2, etc. Numa nova visão, diagonal, A1 é tio de B3, B3 é sobrinho de A1, etc.

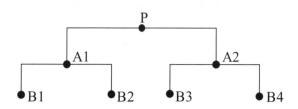

Em relação à criança, os agrupamentos expressam sua possibilidade de *compreensão da síntese entre a classe e a série.*

Assim, ela constrói a *noção de número* quando, após se dar conta de que qualquer elemento do conjunto é equivalente aos demais (1=1=1=1 etc.), toma consciência da:

• série: 1 <(1+1) < (1+1+1) etc. e da

• inclusão de classe: {[(1) => 1] =>} etc., ou seja, ela compreende ao mesmo tempo que um é menor que dois, que é menor que três, etc. e que um está contido em dois, que está contido em três, etc.

A construção das séries e das classes supõe assim a separação e integração indivíduo-universo, elemento-todo.

Quando uma criança quer classificar ela busca semelhanças, quando quer seriar, diferenças. Ao buscar a síntese da classificação com a seriação, procura conciliar o que muda com o que permanece, o que se altera com o que se conserva. Esforça-se em descobrir as invariâncias. Percebe-as como referenciais estáveis à crescente inovação do pensamento, pois toda transformação supõe uma invariante a qual possibilita uma operação inversa, um retorno ao ponto de partida.

Conservação e transformação são, portanto, noções complementares e necessárias às operações.

As transformações operatórias, das quais os agrupamentos podem ser vistos como modelo, supõem o domínio da *compreensão e extensão das classes*. Havíamos já visto que a compreensão refere-se a aspectos qualitativos e é mais precoce, desenvolvendo-se já nas fases anteriores, quando a criança distingue, reconhece e relaciona propriedades qualitativas dos objetos, como cor, forma, textura, etc. Mas a extensão, ou seja, a formação e utilização de quantificadores lógicos como *alguns* (incluindo um), *todos e nenhum*, é seu complemento lógico, condição do pensamento operatório.

É a linguagem que dá a precisão e a objetividade necessárias à extensão e compreensão dos conceitos, preparando o caminho para o operatório formal.

A construção da *extensão* e *compreensão* da classe é complementar à de *negação* (o que não é) e à de *conservação* (o que se conserva).

Formação da noção de conservação

A conservação da substância é a primeira a se formar, manifestando-se por volta dos sete anos. A seguir, a do peso, aproximadamente aos nove anos e, só por volta dos onze, doze anos, a do volume.

Ao observar a conservação de quantidades contínuas, como a água por exemplo, e descontínuas, como uma coleção de grãos, por exemplo, Piaget e Szeminska (1975) constataram três fases principais:

1ª Fase – Ausência de conservação. A criança baseia seu raciocínio no que vê e não admite que a quantidade possa se conservar, se a aparência indicar alteração. Ainda não é capaz de compor relações (ex.: altura x largura), mas em seu pensamento transdutivo prende-se a uma relação em particular, sem relacioná-la com as demais. Esta fase corresponde ao período pré-operatório, fase representativa ou pré-conceitual (2 a 4,5 anos) e início do período intuitivo.

2ª Fase – Transição à conservação operatória. As respostas da criança demonstram essa passagem, como quando:

- Afirma a conservação se as alterações forem pequenas.
- Hesita e oscila em suas respostas, entrando em conflito e contradição. Sua lógica contradiz sua percepção.
- Postula a identidade, mas não sabe explicar por quê. Não sabe argumentar justificando sua resposta porque não compreende o processo.

Esta fase aparece já no fim do período intuitivo, por volta de 5,5 a 6,5 anos.

3ª Fase – Conservação necessária operatória:

- A criança afirma a conservação independentemente do tipo de alterações percebidas.
- Coordena mentalmente mais de uma relação, abstraindo a invariância.
- Justifica suas respostas, baseando-se em argumentos lógicos.

Por exemplo, ao avaliar a conservação de quantidades contínuas, pode-se seguindo a técnica empregada pelos autores (PIAGET & SZEMINSKA, p. 25) apresentar à criança dois copos idênticos (A1 e A2), com a mesma quantidade de líquido. Depois dela ter constatado a igualdade de quantidade, despejar o conteúdo de um dos copos (A1) em dois copos menores, perguntando-lhe onde tem mais líquido, em A2 ou em B1 e B2 juntos.

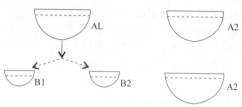

1ª Fase – As crianças acham que o líquido não conservou sua quantidade. Respondem que tem mais em A2 porque o copo é maior, ou em B1 e B2 porque são dois copos. Mesmo que se refaça a operação na sua frente, voltando o líquido a A1, elas não admitem a conservação.

2ª Fase – As respostas dependem muito da quantidade e da qualidade das alterações feitas. Assim a criança pode admitir a identidade até aqui, mas se continuarmos a prova despejando em copos cada vez menores e em quantidade maior, a criança não sustentará a identidade.

3ª Fase – A conservação se mantém, independentemente das alterações percebidas. Ela justificará sua resposta, argumentando por exemplo:

- "É a mesma coisa porque vem do copo igual". A conservação aqui é claramente fruto de uma dedução, pois a criança compara os estados iniciais e finais, abstraindo as multiplicações e divisões do percurso, conforme a lei da associatividade.

- "Tem a mesma coisa porque aqui tem dois copos, mas são menores". A criança responde aqui utilizando-se da compensação lógica observada nas duas relações simultâneas (quantidade x volume).
- "Está igual porque você não colocou e nem tirou nada, só despejou". Baseia-se aqui na identidade.
- "Tem a mesma coisa porque você pode pôr como estava antes". Argumenta aqui, invocando a lei da inversão. Ao se fazer o caminho em sentido oposto, reencontra-se o estado inicial, anulando-se a mudança.

A Evolução das Classificações

Processo análogo pode ser observado na evolução das classificações (PIAGET & INHELDER, 1975):

1ª Fase – Ausência de classificação objetiva (2 a 4,5 anos em média)

Ao ser solicitada a separar alguns objetos em duas coleções como melhor lhe parecer, a criança:
- dispõe os objetos espacialmente, formando coleções figurais, como um trem ou uma casinha.

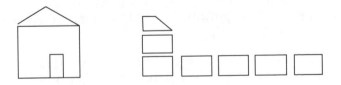

Estas coleções, como nos explicam os autores, não são feitas apenas por imitação a configurações perceptivas, mas porque a criança para estruturar algo nesta fase precisa se apoiar numa configuração espacial, pois seu raciocínio se baseia na aparência.

- Procede por pequenas aproximações, procurando formar pares idênticos ou pequenos conjuntos. Seu pensamento é transdutivo, indo do singular ao singular.
- Não faz grandes retroações ou antecipações. Raciocínio mais vinculado à percepção atual.

2ª Fase – Transição para a classificação operatória (a partir dos 5,5 anos aproximadamente)

- Libera-se da configuração espacial e busca um critério objetivo para separar as coleções. A classificação não é mais perceptiva ou táctil e se afirma.
- Ainda tem muita dificuldade em lidar com critérios objetivos de forma ágil, não conseguindo na maioria das vezes encontrar um 2º ou 3º critérios para criar novas coleções.
- Lida melhor com mecanismos retro e pró-ativos, demonstrando um início de antecipação através de verbalização. A criança conta antes como vai classificar e busca explicar depois por que agiu desta forma.

3ª Fase – Classificação operatória (por volta dos 7 anos)

- Classifica utilizando-se de critérios objetivos.
- Tem maior flexibilidade na alteração dos critérios. Quando solicitada a criar jeitos diferentes de separar os objetos, inova mais vezes e com maior rapidez.
- Utiliza-se de forma sistemática de mecanismos retro e pró-ativos. Anuncia antes o que vai fazer e justifica o que fez, após.
- Utiliza-se de forma coerente e fluente da linguagem para acompanhar e apoiar seu raciocínio.

Conclusão – Vemos, assim, como a maneira como uma criança classifica retrata sua forma de se relacionar com o objeto. Objetividade e flexibilidade crescentes se apoiam na agilização e sistematização das representações simbólicas, conduzindo às operações.

A evolução da seriação

Essa escalada operatória é análoga, como não o poderia deixar de ser, para a seriação. Ao ser solicitada a ordenar vários objetos semelhantes, mas não idênticos (como, por exemplo, réguas de vários comprimentos ou folhas de diferentes matizes de verde), a criança passa também, em síntese, por três grandes fases:

1ª Fase – Ausência de seriação

- Pensamento subjetivo apoiado em configurações espaciais. Construção de pequenos arranjos espaciais.

2ª Fase – Transição para a seriação operatória

- Esboço de um movimento de ordenação através de pequenas comparações entre os objetos, dois a dois, ainda não coordenados entre si.

- Tentativas esparsas de coordenação das pequenas séries em maiores, através de ensaio e erro.

- Início de antecipação verbal.

3ª Fase – Seriação operatória

- Descoberta do todo ordenado, com a consciência da necessidade de objetividade na relação.

- Sistematização do método de ordenação, com objetivos e meios pré-definidos. A criança faz e segue um plano de execução.

- Utilização da linguagem na antecipação e método de trabalho. Ela anuncia, por exemplo: "Eu vou começar pelo menor de todos".
- Maior flexibilidade mental, com capacidade para intercalar elementos novos em séries já construídas.
- Justificativa operatória, evidenciando coordenação interna de duas ou mais relações. A criança compreende, por exemplo, que qualquer régua da série é ao mesmo tempo menor que as que a sucedem e maior que as que a antecedem, se a ordem escolhida for a crescente.

A evolução da correspondência

A evolução das correspondências biunívocas e counívocas também pode ser caracterizada por três momentos sucessivos. Ao ser solicitada a corresponder entre si elementos e coleções observa-se, em suma, o seguinte:

1ª Fase – Ausência de correspondência

A criança não é capaz de perceber a equivalência entre os elementos porque não separa ainda a parte do todo, o elemento da coleção. Faz assim uma correspondência global, intuitiva, baseada em sua percepção e apoiada na configuração espacial dos objetos.

2ª Fase – Transição à correspondência operatória

Percebe os elementos separados do todo, mas ainda não é capaz de estabelecer um critério objetivo de equivalência estável entre os membros das coleções.

3ª Fase – Correspondência operatória

A criança faz uma correspondência qualificada e quantificada, que se conserva estável apesar das alterações do campo perceptivo. Constrói assim a extensão da classe à medida que separa o elemento do conjunto, quantifica-o, conserva-o e o relaciona a um ou mais termos, segundo um critério objetivo de equivalência. Antecipa verbalmente o que vai fazer, evidenciando sua compreensão do processo.

Síntese da evolução operatória

Em suma, ao observar a atividade da criança em relação às operações, encontramos uma evolução contínua, que pode ser caracterizada por três grandes fases:

1. Ausência das operações
   - Pensamento global (não separando parte-todo), subjetivo, sem conservação do objeto e baseado em configurações espaciais.
   - Rigidez na utilização de mecanismos simbólicos pró e retroativos. Ausência de antecipação verbal.
   - Indefinição de objetivos e métodos de trabalho.
   - Ausência de extensão da classe. Pensamento ainda não quantificado.

2. Transição para o operatório (a partir dos 5,5 anos em média).
   - Conflito entre o pensamento subjetivo e o objetivo, entre a conservação lógica e a inovação percebida. A criança oscila entre respostas operatórias e não operatórias porque o que ela vê (a alteração) não está de acordo com o que pensa.
   - Incapacidade de justificar uma resposta adequada porque não compreende o processo. Com a afirmação da invariância, constrói-se a compreensão, afirmam-se a antecipação e a argumentação.
   - O método de trabalho se constrói a partir de algo durável e quantificável (a extensão da classe), apoiado sempre pela linguagem.

3. Pensamento operatório (aproximadamente a partir dos 7 anos).

– Constituição do objeto que é percebido como tendo algo que se conserva, apesar das alterações aparentes.

– Capacidade de separar as partes (elementos, propriedades ou relações) do todo, classificando-as, seriando-as, correspondendo-as, etc. de forma cada vez mais coerente e ágil.

– Maior capacidade de autorregulação com mobilização de mecanismos retro e pró-ativos na utilização de informações arquivadas na memória, combinadas às percebidas no momento, para a solução de problemas atuais, inseridos já numa perspectiva futura.

– Antecipação representativa imagética e verbal do plano de trabalho, conciliando visão do todo com discriminação das partes.

– Criação autônoma e espontânea de um método de trabalho cada vez mais organizado, no qual a atividade presente não só prevê e estrutura as que vão ser feitas (previsão), mas reorganiza o todo já feito (revisão).

– Utilização cada vez mais rica e precisa da linguagem na evolução da compreensão e extensão da classe, condição do pensamento operatório.

Em síntese, *compreensão de totalidades reversíveis, característica do sistema simbólico humano autorregulador.*

Em busca da forma

Ora, esta compreensão que se inicia por volta dos sete anos continua vida à fora, tornando-se cada vez mais abstrata, sistêmica e flexível. Assim, como a criança, em média do nascimento aos dois anos, aprendeu a lidar com seus esquemas sensório-motores, e dos dois aos sete aprendeu a coordenar suas representações imagéticas e verbais, agora, dos sete aos onze, aproximadamente, vai aprender a coordenar as operações.

Seu método de trabalho vai se sistematizar progressivamente com definição clara de objetivos e maneira coerente e exaustiva de trabalhar, sempre orientada e apoiada pela linguagem, também cada vez mais estruturada.

Essa organização se faz necessária, uma vez que ela descobre um universo cada vez mais rico em fatos e em possibilidades. Essa abertura requer uma lógica mais apurada, que distingue e trabalha melhor com absolutos e relativos.

O necessário se impõe ao possível. A criança descobre assim que entre várias possibilidades de se percorrer um caminho há uma ou mais necessariamente verdadeiras.

Mas seu raciocínio ainda está preso ao concreto. O verdadeiro ainda se restringe ao contextual. Somente a partir dos onze anos, aproximadamente, é que ela começará a raciocinar sobre possíveis hipóteses, compreendendo a necessidade lógica propriamente dita.

Mas a inteligência não se esquece jamais de sua finalidade primeira, pois ela é coerente a si mesma por natureza. E assim, visa agora e sempre a melhor adaptação, através da interação lógica e significativa ao meio.

4. UMA AVALIAÇÃO PSICOPEDAGÓGICA APOIADA NA EPISTEMOLOGIA GENÉTICA

Desta forma, a meu ver, uma avaliação da problemática de aprendizagem que se apoie na construção da relação sujeito-objeto, deve compreender o processo de estruturação mental como um todo, ao mesmo tempo que saber distinguir os momentos de transformação que evidenciam mudanças na forma de pensar e interagir.

A inclusão de técnicas como as utilizadas por Piaget e sua equipe de trabalho em Genebra, ou desenvolvidas pelo psicopedagogo, requer sempre um conhecimento do processo de desenvolvimento. As provas dependem sempre basicamente da formação teórico-prática de quem as aplica.

Mas, insisto, o importante a meu ver é a compreensão pelo psicopedagogo de que há uma estruturação mental sintático-semântica, subjacente a toda e qualquer atividade da criança. Portanto, uma avaliação deveria incluir necessariamente atividades livres, para que se possa observar se há autonomia e espontaneidade na forma como a criança se organiza frente à realidade, quando não há alguém que lhe diga o que fazer e como e quando fazê-lo. Observar que utilização ela faz de sua experiência de vida frente aos desafios. Se aprender é algo vivo, interessante e criativo, ou rotulado como algo penoso e imposto, visto muitas vezes como restrito ao meio escolar. Observar as situações e contextos nos quais ela demonstra melhor se estruturar, lembrando-se sempre de que as representações simbólicas interagem entre si sem parar e se resgatam continuamente na busca das operações.

Uma avaliação, acredito, deve procurar sempre uma visão positiva da criança, investigando suas melhores possibilidades de adaptação, detectando em que contextos ela consegue melhor se organizar.

As crianças encontram diferentes maneiras para desenvolver e expressar sua capacidade de abstração e simbolização; assim, também, seu conjunto de habilidades cognitivas pode refletir diferentes facetas de sua inteligência global (WECHSLER, 1994).

Observar assim a criança em um conjunto de atividades variadas e com níveis diversos de solicitação pode nos dar uma ideia mais rica e fiel de suas características intelectuais.

Analisar sua maneira pessoal de planejar e executar as diferentes atividades. Sua dependência ou não, em determinados campos. Observar sua persistência, inibição, envolvimento, impulsividade etc. em certas áreas, pode nos fornecer dados valiosos para compreender como essa criança vem se organizando para enfrentar os desafios da realidade.

A análise e utilização das estratégias simbólicas, como já as chamavam Hayakawa (1963), também é fundamental. Isto é, investigar se a criança se utiliza de representações simbólicas, como à linguagem (falada ou escrita), as artes plásticas ou cênicas etc. para projetar seus conflitos e conviver melhor com eles, superando momentos de maior tensão e frustração. Verificar se ela, enfim, se utiliza de sua memória, de sua criatividade, de sua imaginação, para se expressar e se comunicar melhor com a realidade, ou, ao contrário, para se enclausurar em si mesma num mundo solitário, habitado por sonhos e fantasmas.

A criança de sete a onze anos volta-se para a realidade concreta, buscando compreendê-la. Essa inserção significativa no meio, com pés firmemente assentados no chão lhe é essencial para seu próximo voo, via lógica-formal.

REFERÊNCIAS

CHANGEUX, J.P. "Determinismo genético e epigenia das redes de neurônios". In: PIATELLI-PALMARINI, M. *Teorias da linguagem* – Teorias da aprendizagem. São Paulo: Cultrix/Edusp, 1983.

FOERSTER, H. von. "On self-organizing systems and their environments". In: YOVITS, M. e CAMERON, S. (orgs.). *Self organizing systems.* Londres: Pergamon Press, 1960.

OLIVEIRA, V.B. *O símbolo e o brinquedo* – A representação da vida. Petrópolis: Vozes, 1992.

_____. "A brincadeira e o desenho da criança de zero a seis anos". Em Oliveira, V.B. & Bossa, N.A. (orgs.) *Avaliação psicopedagógica da criança de zero a seis anos.* Petrópolis: Vozes, 1994a.

_____. Compreendendo sistemas simbólicos. In: Oliveira, V.B. & Bossa, N.A. (orgs.). *Avaliação psicopedagógica da criança de sete a onze anos.* Petrópolis: Vozes, 1995.

_____. "A informática na psicologia". *Rev. Viver Psicologia,* ano I, n. 10, 1993.

_____. FISCHER, M.C. "Informática em educação". *Rev. Viver Psicologia,* ano II, n. 20, 1994.

PIAGET, J. *Memoire et intelligence.* Paris: PUF, 1968.

_____. *Biologia e conhecimento.* Petrópolis: Vozes, 1973 [Do original *Biologie et connaissance.* Paris, Galimard, 1967].

_____. "Le développement des images mentales chez l'enfant". *Journal de psychologie normal et pathologique.* PUF, n. 1-2, p. 75-108, jan-juin, 1962. Separata.

PIATELLI-PALMARINI, M. "Introdução: a propósito dos programas científicos e de seu núcleo central. In: PIATELLI-PALMARINI, M. (org.). *Teorias da linguagem* – Teorias da aprendizagem. Cultrix/Edusp, 1983.

RAMOZZI-CHIAROTINO, Z. *Psicologia e epistemologia genética de Jean Piaget.* São Paulo: E.P.U., 1988.

capítulo II

Walter Trinca e
Leda Maria Codeço Barone

O procedimento de
desenhos-estórias
na avaliação
das dificuldades
de aprendizagem

Walter Trinca*
Leda Maria Codeço Barone**

1. SITUANDO UM LUGAR PARA A APRENDIZAGEM HUMANA

Grandeza ou miséria, mas para o ser humano a natureza não basta. Ao contrário dos demais animais que já trazem, ao nascer, uma bagagem instintual que lhes garante ancoragem imediata na realidade, o ser humano terá, sempre, esta ancoragem mediada: primeiro, pela mãe ou seu substituto e, depois, pela linguagem e pela cultura. Pois o instinto não ensina o que é ser homem ou mulher, falar esta ou aquela língua, construir abrigos e vestimentas, alimentar-se, produzir, apreciar, divertir-se... desta ou de outras formas, observa Pain (1988), que vê na sexualidade e na aprendizagem humanas o equivalente funcional do instinto.

De fato, o bebê humano, ao nascer, é recebido num mundo de cultura e linguagem que antecede e ao qual necessita ter acesso. Mas sua prematuração ímpar cria a necessidade inexorável da presença do outro para garantir sua possibilidade de existência. E é nesse espaço que se situa a aprendizagem hu-

---

* Professor titular pelo Instituto de Psicologia da Universidade de São Paulo e membro associado da Sociedade Brasileira de Psicanálise de São Paulo.

** Professora do curso de formação de psicopedagogos da Associação Brasileira de Psicopedagogia e membro do departamento de psicanálise do Instituto Sedes Sapientiae.

mana, que estará marcada de forma indelével pela história de seus relacionamentos passados.

Esse acaso à realidade não se dá, porém, sem muito trabalho e sofrimento, pois a passagem da experiência do mundo como caos indiferenciado, próprio do nascimento, à possibilidade de simbolização, leva o sujeito humano do paraíso mágico, onipotente, característico do narcisismo primário, à assunção de sua realidade marcada pela incompletude e pelo desejo.

Assim, já em face das primeiras experiências de aprendizagem escolar, a criança atualiza e expressa sua maneira pessoal e particular de lidar com a realidade, maneira esta que é a reedição das histórias de suas relações passadas. Com isto, a própria situação de aprendizagem coloca à criança, novamente, todas as questões vividas anteriormente em seus primeiros relacionamentos. Se aquelas crianças que puderam resolver mais satisfatoriamente suas questões narcísicas e edípicas, e por isso desenvolver melhor sua capacidade de simbolização, podem vivenciar mais tranquilamente o processo de aprendizagem escolar, o mesmo não acontece com aquelas que ainda estão às voltas com tais questões, e que atualizam, repetem e expressam seus conflitos inconscientes na relação de aprendizagem.

A consideração acima demanda que na avaliação das dificuldades de aprendizagem se utilizem procedimentos que possam trazer, além de elementos sobre aspectos instrumentais, dados sobre aspectos da personalidade e dos movimentos transferenciais do aprendiz em relação à tarefa, à aprendizagem e ao professor, capazes de orientar melhor o trabalho psicopedagógico. O presente trabalho se inscreve numa perspectiva de ampliação da forma de abordar a avaliação dos distúrbios de aprendizagem através da utilização do procedimento de desenhos-estórias[1].

Já em estudo anterior (BARONE & TRINCA, 1984), utilizando o D-E no diagnóstico psicopedagógico, constatou-se que ele trouxe dados importantes para o esclarecimento e a compreensão das dificuldades de aprendizagem de um menino de onze anos de idade, dentro do contexto mais amplo da personalidade além de contribuir com elementos para o encaminhamento e o tratamento.

Em outro trabalho (BARONE, 1993), estudou-se o percurso utilizado por um menino de sete anos na aquisição da leitura e da escrita, em situação clínica psicopedagógica. O estudo mostrou que a criança passou por fases diferentes do processo de alfabetização, consideradas a partir da relação com a tarefa (alfabetização) e com o psicopedagogo, que podem ser descritas, resumidamente: 1) Uma primeira fase, caracterizada por leitura-escrita-mágica com a utilização de ideogramas japoneses inventados pelo menor; 2) Uma segunda fase, caracterizada por leitura-escrita-cópia, na qual a escrita do menor era cópia exata da escrita do psicopedagogo; e finalmente, 3) Uma terceira fase, caracterizada por leitura e escrita submetidas a regras e leis próprias da escrita alfabética. A discussão desse percurso foi feita através de duas perspectivas distintas, mas entrelaçadas. Por um lado, levou-se em conta a estrutura formada pela criança, a atividade e o psicopedagogo em diferentes momentos do processo de aquisição da leitura e da escrita, tendo como paradigma as contribuições da psicanálise a respeito do Édipo e do narcisismo, e fazendo uso aproximativo das contribui-

---

1. De agora em diante, o procedimento de desenhos-estórias poderá ser mencionado abreviadamente como D-E.

ções de Lacan sobre o Édipo, considerado como um "valioso instrumento que permite descrever determinadas configurações intersubjetivas em relação à lei ao narcisismo, à situação do desejo" (BLEICHMAR, 1984, p. 16). Por outro lado, colocou-se o trabalho do psicopedagogo numa dimensão de circulação do conhecimento, semelhante ao que Lacan propõe no terceiro tempo do Édipo. Assim, o psicopedagogo é concebido como mediador entre o aluno e a cultura, e a própria situação de ensino é vista como uma estrutura triádica formada pelo aprendiz, pela tarefa e pelo psicopedagogo nas diferentes configurações tomadas por esses três elementos ao longo do processo. Reconhecendo nesse percurso a manifestação transferencial, as diferentes fases foram analisadas à luz de concepções psicanalíticas a respeito do narcisismo e do Édipo, tais como foram propostas por Freud e Lacan.

O Édipo lacaniano é descrito em três tempos, representantes de configurações diferentes na circulação do falo em relação à estrutura edípica. No primeiro tempo, o menino é o falo e a mãe tem o falo. No segundo, o menino deixa de ser o falo e a mãe deixa de ter o falo. E é o pai o falo onipotente, que vai privar a mãe do falo, separando-a de seu filho. Finalmente, no terceiro tempo, o pai tem o falo, mas não é o falo. Este encontra-se fora, instaurado na cultura. Eclarecendo melhor: no primeiro tempo, leva-se em conta dois personagens, a criança e a mãe, e a relação entre eles. Lacan diz que é pela dependência de amor que a criança quer ser o objeto do desejo da mãe. Ela quer ser tudo para sua mãe, quer transformar-se naquilo que a mãe deseja. Pensa que é por causa dela que a mãe é feliz, sem saber que representa outra coisa em outra cena para a mãe, ou seja, a plenitude narcísica. Assim, a criança é o falo, e sua mãe tem o falo. O falo caracteriza para a criança o objeto imaginário com o qual se identifica, tornando-se ela própria o falo. Se a mãe passou pelo Édipo, reconhecendo-se como castrada, vai procurar sua completude no filho. Este passa a representar o falo (simbólico), aquilo que a completa. A mãe fálica é aquela que sente que nada lhe falta, acredita que é completa, que tem o falo. Dependendo do que a mãe acha que lhe falta (glória, prestígio), ela vai projetar no filho a possibilidade de realização, ditando a lei do desejo. Desse modo, ela não representa a lei, mas é a lei. Forma unidade narcísica com o filho, tornando-se cada um a possibilidade de ilusão do outro, de perfeição narcísica do outro.

No segundo tempo, o pai intervém no sentido de privar o menino do seu objeto de desejo, de ser o falo da mãe; pois o filho vê que ela prefere outro que não ele, outro que o filho acredita ter algo que ele não tem. O pai, então, é o falo onipotente que vai separar a mãe do filho. O pai, também, intervém no sentido de privar a mãe da capacidade de instaurar o falo a seu bel-prazer. Lacan considera importante que a mãe deseje o pai, quer dizer, que se volte do filho para o pai, mas que este não fique situado como dependente do desejo da mãe. Pois, se o pai ficar dependente do desejo da mãe, o filho deixa de ser o falo, mas a mãe continua fálica. Para que a castração simbólica se dê, é essencial que, além do menino reconhecer que falta algo à mãe (que ele não é o falo) possa reconhecer, também, que a mãe não pode instaurar o falo por seu livre-arbítrio. É importante que a criança também perceba a mãe submetida a uma ordem que lhe é exterior.

No terceiro tempo, produz-se completamente a castração simbólica. O filho deixa de ser o falo; tampouco o pai o é. A mãe deixa de ser a lei, e também o pai. "O falo passa a ser algo que se pode ter ou carecer, mas que não se é" (BLEICHMAR, 1988: 57). A lei passa a ser uma instância superior à vontade de qualquer personagem, que pode representá-la mas que não pode sê-la. Ao deixar de ser o falo, a criança deixa de se identificar com o ego-ideal (imagem da perfeição narcísica), passando a identificar-se com o ideal do ego. E, finalmente, o pai deixa de ser onipotente, castrador, para ser o pai simbólico: permissivo, doador, aquele que outorga o direito à sexualidade.

Voltando, então, ao percurso utilizado pelo sujeito em seu processo de alfabetização, temos: A primeira fase é entendida como expressão de dificuldades narcísicas, na qual o menor, identificando-se com o ego ideal de forma onipotente, nega os dados da realidade e cria sua própria escrita. A segunda fase, de escrita-cópia, pode ser vista em analogia com o segundo tempo do Édipo, ficando o psicopedagogo no lugar da lei: a escrita é tomada como lei, que a criança assume (copia). Na terceira fase, semelhantemente ao terceiro tempo do Édipo, o psicopedagogo passa a mediador entre o aprendiz e as produções culturais, estando, também ele, submetido às leis da linguagem e da cultura.

Dentro da mesma orientação, Barone (1994) levantou algumas linhas de avaliação das dificuldades de aprendizagem, colocando em relevo questões que são mobilizadas no aprendiz durante o processo de aprendizagem. Entre essas questões, ela destaca que para aprender a criança precisa:

1) Saber-se e suportar-se separada – é preciso poder lidar com a alteridade.

2) Lidar com a questão de que não sabe, de que não é completa.

3) Suportar que o outro – o professor – sabe coisas que ela não sabe. A esta questão a criança pode reagir de diferentes maneiras, como sentir inveja, hostilidade, submissão, negação, culpa, etc.

4) Suportar que o conhecimento é sempre parcial.

Sugeriu-se, no referido trabalho, que a maneira utilizada pelo aprendiz, para dar conta dessas questões, põe em relevo a forma que ele conseguiu desenvolver no seu caminho de acesso ao simbólico. Desse modo, observar como lida com a aprendizagem, como se posiciona em relação ao psicopedagogo e à tarefa, pode trazer elementos importantes para a compreensão e seguimento de suas dificuldades, bem como para o encaminhamento.

Assim sendo, propomo-nos a descrever um instrumento de investigação clínica que, justamente, através de desenhos e do processo de contar estórias, pode proporcionar meios de realização de contato e obtenção de informações destinadas ao diagnóstico, ao acompanhamento da evolução terapêutica e à terapia das dificuldades de aprendizagem. Aqui, nós caracterizaremos amplamente o D-E, tal como foi desenvolvido nas últimas décadas. Contudo, na ilustração clínica, por motivo de espaço, nós o circunscreveremos à forma original, como foi apresentada por Trinca, e a uma outra forma, denominada D-E com tema. Nesta, a variação que introduzimos consiste numa consigna que se volta especificamente à situação de aprendizagem. Pedimos ao sujeito: "Desenhe uma situação de aprendizagem, ou seja, uma situação onde alguém ensina e alguém aprende qualquer coisa". Antes, porém, gostaríamos, aqui, de oferecer uma revisão do estado atual do D-E em suas múltiplas modalidades e possibilidades de uso.

2. O PROCEDIMENTO DE DESENHOS-ESTÓRIAS: NATUREZA, FUNDAMENTAÇÃO E POSIÇÃO NO DIAGNÓSTICO PSICOLÓGICO

O D-E foi introduzido por Trinca (1972) como instrumento de exploração clínica da personalidade. Não é um teste psicológico, e sim um meio auxiliar de ampliar a investigação. No diagnóstico psicológico, ocupa posição intermediária entre os testes projetivos gráficos e temáticos e as entrevistas não estruturadas. Na verdade, constitui-se numa reunião de processos expressivos-motores (entre os quais se inclui o desenho livre) e processos aperceptivos-dinâmicos (verbalizações temáticas); inclui, ainda, associações dirigidas do tipo "inquérito". Dessa junção, surgiu um novo e individualizado instrumento, que possui características próprias. É um processo de "faixa larga", isto é, oferece maior amplitude de informações com menor segurança, diferenciando-se dos testes objetivos.

Requer que o sujeito realize seguidamente uma série de cinco desenhos livres (cromáticos ou acromáticos), cada qual sendo estímulo para que conte uma estória[2] associada livremente logo após a realização de cada desenho. Tendo concluído cada desenho-estória, o examinando segue fornecendo esclarecimentos (fase do "inquérito") e o título da estória.

A administração do procedimento é individual, devendo ser aplicado por profissionais devidamente qualificados. Usam-se folhas de papel em branco de tamanho ofício, lápis preto e uma caixa de lápis de cor. Preenchidas as condições requeridas pela técnica de aplicação, o sujeito é colocado sentado, traba-

---

2. Apesar de alguns autores recomendarem o emprego da palavra história quando se trata de narrativa de ficção, entendemos que o uso consolidou (e justifica) a grafia estória, já incorporada à língua portuguesa.

lhando em uma mesa, e o examinador senta-se à sua frente. É dada a tarefa após verificação de bom *rapport* entre examinado e aplicador. Espalham-se os lápis sobre a mesa, ficando o lápis preto (ponta de grafite) localizado ao acaso entre os demais.

Coloca-se uma folha de papel na posição horizontal, com o lado maior próximo ao sujeito. Não se menciona a possibilidade deste alterar essa posição, nem se enfatiza a importância do fato. Solicita-se ao examinando que faça um desenho livre: "Você tem essa folha em branco e pode fazer o desenho que quiser, como quiser". Aguarda-se a conclusão do primeiro desenho. Quando estiver concluído, não é retirado da frente do sujeito. O examinador solicita, então, que conte uma estória associada ao desenho: "Você, agora, olhando o desenho, pode inventar uma estória, dizendo o que acontece". Na eventualidade do examinando demonstrar dificuldades de associação e de elaboração da estória, pode-se introduzir recursos auxiliares, dizendo-lhe, por exemplo: "Você pode começar falando a respeito do desenho que fez".

Concluída, no primeiro desenho, a fase de contar estórias, passa-se ao "inquérito". Neste, podem solicitar-se quaisquer esclarecimentos necessários à compreensão e interpretação do material produzido tanto no desenho quanto na estória. O "inquérito" tem, também, o propósito de obtenção de novas associações. Ainda com o desenho diante do sujeito, pede-se o título da estória. Chegando a esse ponto, retira-se o desenho da vista do examinando. Com isso, temos concluída a primeira unidade de produção, composta de desenho livre, estória, "inquérito", título e demais elementos relatados.

O examinador tomará nota detalhada da estória, da verbalização do sujeito enquanto desenha, da ordem de realização, dos recursos auxiliares empregados, das perguntas e respostas da fase de "inquérito", do título, bem como de todas as reações expressivas, verbalizações paralelas e outros comportamentos observados durante a aplicação. Pretende-se conseguir uma série de cinco unidades de produção. Assim, concluída a primeira unidade, repetem-se os mesmos procedimentos para as demais. Na eventualidade de não se obterem cinco unidades em uma única sessão de 60 minutos, é recomendável combinar o retorno do sujeito a nova sessão de aplicação. Não se alcançando o número de unidades igual a cinco, ainda que utilizado o tempo de duas sessões, será considerado e avaliado o material que nelas o examinando produziu. Se as associações verbais forem pobres, convém reaplicar o processo, a partir da fase de contar estórias. Para outros esclarecimentos quanto à aplicação, *vide* Trinca (1987).

O D-E encontra sua fundamentação nas seguintes suposições:

1) O indivíduo pode revelar suas disposições, esforços e conflitos ao estruturar ou completar uma situação incompleta.

2) As associações livres tendem a se dirigir a setores em que o indivíduo é emocionalmente mais sensível.

3) Nas técnicas projetivas, quanto menor for a estruturação e a direção do estímulo, tanto maior será a tendência de surgir material emocionalmente significativo.

4) No contato inicial, o cliente tende a comunicar seus principais conflitos e fantasias inconscientes sobre a doença e a cura.

5) A criança e o adolescente preferem comunicar-se por desenhos e fantasias aperceptivas do que expressar-se por comunicações verbais diretas.

O D-E coloca-se dentro do *processo compreensivo*, que designa "uma série de situações, incluindo, entre outros aspectos, o de encontrar um sentido para o conjunto das informações, disponíveis, tomar o que é relevante e significativo na personalidade, entrar empaticamente em contato emocional e, também, conhecer os motivos profundos da vida emocional de alguém" (TRINCA, 1984: 15). São fatores estruturantes do *processo compreensivo:* a) elucidar o significado das perturbações; b) ênfase na dinâmica emocional inconsciente; c) considerações de conjunto para o material clínico; d) procura de compreensão psicológica globalizada do cliente; e) seleção de aspectos centrais e nodais; f) predomínio do julgamento clínico; g) subordinação do processo diagnóstico ao pensamento clínico; h) prevalência do uso de métodos e técnicas de exame fundamentados na associação livre.

3. FAIXA ETÁRIA E AVALIAÇÃO

Quando foi introduzido, o D-E destinou-se, principalmente, a crianças e adolescentes na faixa etária de cinco a quinze anos, porque "as formas de entrevista devem se adaptar ao modo peculiar da comunicação infantil, o qual se aproxima daquele preconizado pelos processos gráficos e temáticos das técnicas projetivas" (TRINCA, 1972: 49), dando oportunidade a que esses examinandos pudessem falar indiretamente de si. Com o tempo, porém, a técnica se estendeu não só a adultos, como, também, a crianças menores de 5 anos. Mestriner (1982), Al'Osta (1984), Fernandes (1988), Giannotti-Hallage (1988), Barbosa (1989) e Castro (1990), entre outros, realizaram estudos com adultos. Paiva (1992) mostrou que crianças de 4 a 5 anos puderam responder bem à aplicação do D-E. Hoje, o uso consolidou seu emprego para diferentes faixas etárias de todos os níveis culturais, mentais e socioeconômicos.

Desenhos, estórias, respostas ao "inquérito" e títulos constituem uma unidade de comunicação e, como tal, são múltiplos componentes e formas variadas de expressão que se prestam a transmitir mensagens em si mesmas indivisas. Devem, pois, ser avaliados como um todo, enfocando-se como processo unitário de comunicação. Comumente, faz-se a avaliação por simples inspeção do material, dependendo do que o avaliador tem em vista investigar. A avaliação pode ser feita segundo o referencial psicanalítico; contudo, temos acompanhado o emprego de outros referenciais, bem como de referenciais múltiplos. Normalmente, é seguido o referencial que o profissional adota para o seu trabalho.

Tendo por fundamento a associação livre, D-E introduz tal proximidade em relação à vida emocional, que se efetiva um "mergulho" em atmosfera de sonhos, onde predominam as fantasias inconscientes. A reiteração da tarefa por meio de cinco unidades de produção cria uma via de acesso a constelações psíquicas profundas. Neste caso, o D-E pode ser avaliado de modo semelhante aos sonhos. Migliavacca (1987), partindo da interpretação freudiana dos sonhos, confirmou a existência no D-E dos seguintes aspectos: a) conteúdos inconscientes; b) conteúdos de realização de desejos; c) conteúdos de angústias; d) condensação; e) deslocamento; f) dramatização; g) elaboração secundária; h) representação pelo contrário; i) dispersão; j) personificação; k) simbolismos. Conclui-se que os conteúdos que se revelam no D-E são semelhantes ao material que aparece nos sonhos.

Em outro extremo, o D-E pode ser avaliado como forma de entrevista. Nas mãos de profissionais hábeis há alta possibilidade de sucesso em discriminar os fatores básicos das perturbações (avaliando-se em conformidade com os princípios do método clínico). Mestriner (1982) discute o papel do D-E como forma de entrevista diagnóstica e como meio de comunicação entre o cliente e o examinador. Existem pontos da comunicação que são enfatizados, sobre os quais o profissional centraliza a sua atenção.

Para facilitar o exame do material, foram construídos referenciais de análise (cf. TRINCA, 1987: 36). Esses referenciais expressam a prevalência de determinados fatores na população em geral. Tardivo (1985), reformulando em parte um referencial anterior, encontrou validade para os seguintes fatores psicodinâmicos, numa amostra de crianças de 5 a 8 anos de idade:

1. Atitude básica
   - Aceitação
   - Oposição
   - Insegurança
   - Identificação positiva
   - Identificação negativa

2. Figuras significativas
   - Figura materna positiva
   - Figura materna negativa
   - Figura paterna positiva
   - Figura paterna negativa
   - Figura fraterna (e outras) positiva
   - Figura fraterna (e outras) negativa

3. Sentimentos expressos
   - Sentimentos derivados do instinto de vida
   - Sentimentos derivados do instinto de morte
   - Sentimentos ambivalentes

4. Tendências e desejos
   - Necessidade de suprimir faltas básicas
   - Tendências destrutivas
   - Tendências construtivas
5. Impulsos
   - Amorosos
   - Destrutivos
6. Ansiedades
   - Paranoides
   - Depressivas
7. Mecanismos de defesa
   - Cisão, projeção, repressão, negação, regressão (e fixação), racionalização, isolamento, deslocamento, idealização, sublimação, formação reativa, negação maníaca ou onipotente.

Na avaliação, podem ser considerados os problemas particulares que se pretendem investigar, e que aparecem nas dinâmicas pessoal e grupal. Por exemplo, na representação da escola, estudada por Cruz (1987), seguiu-se uma vertente centralizada na relação aluno-escola. Nesta avaliação, os conflitos e angústias aparecem comumente relacionados com fantasias de castigos, exigências, ataques e injustiças perpetrados pelos professores e colegas de classe contra o aluno. Há uma reinscrição de conflitos profundos sobre a situação específica da vida escolar.

Além disso, não é descartada a avaliação particular de determinados aspectos, por exemplo os cognitivos. Tardivo (1985) indicou elementos para distinguir temas eminentemente cognitivos. Paiva (1992) relacionou o envolvimento da cognição e da afetividade com o desempenho escolar, e Moreno (1985) estendeu o D-E para a compreensão da deficiência mental leve.

4. UTILIZAÇÃO EM GRUPOS ESPECÍFICOS E EMPREGO DE TEMAS

O D-E presta-se a detectar comportamentos de grupos específicos, que apresentam traços comuns. Esses traços são geralmente definidos em termos de situações ou configurações, como fracasso escolar, pré-cirurgia, asma brônquica etc. Quando postos em situações específicas de angústia, os indivíduos tendem a reagir por meio de características que se podem estudar de maneira grupal. Tem sido verificado que é possível avaliar por intermédio do D-E certos momentos de angústia e determinadas problemáticas de grupos e de populações. Alguns desses estudos obtiveram excelentes resultados, co-mo relatamos abaixo.

Giannotti-Hallage (1988) empregou o D-E como recurso auxiliar ao conhecimento psicológico de doentes com cardiopatias congênitas. Castro (1990), combinando o D-E com entrevistas, TAT e Rorschach, analisou mulheres estéreis com endometriose, levando em conta a possibilidade da atuação de fatores psicológicos na esterilidade. Como um grupo, as mulheres estéreis apresentaram um perfil peculiar. Fernandes (1988) interpretou pelo D-E as fantasias inconscientes de grávidas primigestas, cujos resultados confirmaram a presença de forças de vida na gravidez, mas, também, de forças destrutivas em que o bebê é visto como objeto ameaçador.

Em outra pesquisa, Mázzaro (1984) investigou fatores psicodinâmicos na personalidade de adolescentes do sexo masculino que cometeram homicídio. Utilizando-se do D-E, encontrou que esses adolescentes apresentaram reclamo generalizado da satisfação de necessidades primárias de afeto, relacionadas à introjeção de objetos bons e amorosos. Mestriner (1989) retomou o D-E para determinar psicodinamismos de crianças asmáticas, diferenciando-as das normais. Usando avaliações qualitativas e estatísticas, conseguiu levantar características próprias de crianças asmáticas. Gimenez (1983) empregou o D-E para sistematizar os tipos mais frequentes de angústia nos quadros clínicos da fobia escolar. Verificou que esta se diferencia em termos da angústia predominante: depressiva, paranoide, edipiana e primária.

Por meio de entrevistas e do D-E, Hames (1992) examinou crianças portadoras de doença péptica, obtendo uma dimensão da dinâmica interna dos conflitos, bem como dos aspectos ambientais potencialmente problemáticos. Ficou evidente que essas crianças interagiam num ambiente familiar cronicamente conflitivo, que lhes exigia responsabilidades excessivas, às quais elas geralmente se submetiam de maneira dócil e serviçal. Brito (1986), por sua vez, abordou a intercorrência de fatores problemáticos na identificação com o papel sexual masculino de meninos na faixa etária de sete a treze anos. Encontrou fatores perturbadores no âmbito da dinâmica familiar, além de aspectos característicos, comuns nos conflitos de personalidade dos examinandos. Moreno (1985) utilizou o D-E para avaliar a personalidade de adolescentes deficientes mentais leves em comparação com os normais e com as crianças de inteligência normal de sete a oito anos de idade. Os resultados confirmaram a utilidade do D-E no diagnóstico diferencial de deficientes mentais leves, pela constatação de características específicas do grupo.

Menos comum, todavia ainda frequente, tem sido o emprego do D-E com tema. Cruz (1987) introduziu o tema na representação da escola em crianças da classe trabalhadora. Em vez de dizer "pode fazer o desenho que quiser, como quiser", a consigna foi "pode fazer o desenho de qualquer coisa de escola, como quiser". A introdução do tema facilita a tarefa, quando o pesquisador deseja ir diretamente ao assunto, indicando-o. Geralmente, nesses casos, não há um *setting* que por si mesmo ofereça uma estruturação à tarefa do examinando, devendo esta ser enunciada pelo examinador. Tsu (1990) discutiu o assunto no "III Encuentro Latino-Americano de Psicologia Marxista y Psicoanalysis" de Havana (Cuba), apresentando um estudo sobre a representação da doença mental. Examinando crianças em idade escolar, ela solicitou desenhos de uma pessoa doente mental (TSU, 1991). Posteriormente, investigou a representação social da criança-problema junto a professores da rede pública de ensino, cujas respostas enfatizaram problemas de agressividade relacionados, principalmente, ao meio familiar (TSU et al., 1991).

Embora se tenham desenvolvido estudos sobre o D-E com tema, acreditamos que a situação conflitiva do cliente por si só e o fato deste se inserir no *setting* de uma relação de ajuda falicitam a eliciação de movimentos naturais e espontâneos de comunicação de suas angústias, fantasias inconscientes e defesas. Principalmente, faz com que ele focalize os aspectos centrais de seus distúrbios, ainda que estes sejam inconscientes. Empregando o D-E em sua forma "normal", Trinca, A.M.T. (1987) enfocou, particularmente, a comunicação de crianças de sete a onze anos de idade em situação pré-cirúrgica. Trabalhando em hospitais infantis da cidade de São Paulo, ela conseguiu que crianças que iam se submeter a uma cirurgia de médio porte expressassem suas angústias relativas à cirurgia. Mostrou que o fato de a criança se defrontar com uma situação especial desencadeante de conflito faz emergir "angústias situacionais", que são reinscrições de angústias pregressas. Tem sido verificado que em outros contextos ocorrem manifestações semelhantes. No D-E com tema é necessário ter presente que um *excessivo* direcionamento da tarefa pode conduzir a resistências, ou a verdadeiros impasses no processo de comunicação.

5. O TEMA DA FAMÍLIA

Desde 1978, Trinca (1989) vem divulgando uma técnica de investigação clínica da personalidade que tem por finalidade a avaliação de dinamismos conscientes e inconscientes relacionados à situação familiar. Trata-se do Procedimento de Desenhos de Família com Estórias (DF-E). Depois de passar por uma fase anterior, em que as consignas se modificavam ligeiramente, o DF-E tem hoje a forma descrita a seguir.

O sujeito realiza uma série de quatro desenhos de família, cromáticos ou acromáticos, cada qual sendo estímulo para que conte uma estória associada livremente logo após a realização de cada desenho. Tendo concluído a estória, o examinando segue fornecendo esclarecimentos (fase de "inquérito") e o título da estória. Cada desenho de família tem uma instrução definida e uma ordem de aplicação, que são rigorosamente as seguintes:

a) "Desenhe uma família qualquer";

b) "Desenhe uma família que você gostaria de ter";

c) "Desenhe uma família onde há alguém que não está bem";

d) "Desenhe a sua família".

Solicita-se que faça o desenho de acordo com a primeira consigna. Aguarda-se a conclusão do desenho; quando estiver concluído, não é retirado da frente do sujeito. O examinador pede, então, que conte uma estória associada ao desenho: "Você, agora, olhando o desenho, pode inventar uma estória, dizendo o que acontece". Concluída a fase de contar estória, passa-se ao "inquérito". Neste, pode-se solicitar livremente quaisquer esclarecimentos necessários à compreensão e interpretação do material produzido tanto no desenho quanto na estória. Outro objetivo do "inquérito" é a obtencão de novas associações, à semelhança das associações livres que são requeridas para os relatos de sonhos. Em certos casos, quando isto não é possível ou não seja *aconselhável* de se realizar, procede-se ao "inquérito" ao modo de uma entrevista clínica não estruturada. A seguir, pede-se o título da estória. Chegado a esse ponto, retira-se o desenho da vista do sujeito, tendo sido, pois, concluída a primeira unidade de produção. Repetem-se os mesmos procedimentos para as demais unidades de produção, observando-se, para cada qual, as respectivas consignas. Na eventualidade de não se obter as quatro unidades em uma única sessão, recomenda-se o retorno do sujeito a nova sessão de aplicação. O material limita-se a folhas de papel em branco, sem pauta, de tamanho oficio; lápis preto (n. 2); e uma caixa de lápis de cor de 12 unidades, deixados espalhados sobre a mesa. Não se menciona a possibilidade de o sujeito não utilizar as cores, tampouco se enfatiza a importância de as utilizar (TRINCA, 1989).

O DF-E tem como referência imediata o D-E, possuindo, *mutatis mutandis*, semelhante fundamentação. O seu emprego foi estendido a sujeitos adultos, tanto no diagnóstico individual e de casal, quanto na utilização cruzada com a criança e os pais, para a avaliação da dinâmica familiar (TRINCA et al. 1990). Nesse aspecto, Lima (1991) examinou a psicodinâmica da família, que se entrelaça na adaptação escolar ineficaz de crianças de ambos os sexos, cujas idades variam entre 5 a 10 anos, todas elas com queixas escolares. Assim, o DF-E foi aplicado às crianças e aos pais, tendo-se encontrado um sentido para os sintomas, dentro do contexto da história pessoal e familiar. Os problemas vividos pelas famílias, a nível consciente ou inconsciente, afetam a escolaridade da criança. Um objeto familiar inconsciente modela a qualidade das interações interpessoais no seio da família. Antes disso, Brasil (1989) já havia usado o DF-E para estudar o fracasso escolar, enfatizando o universo simbólico da criança, dentro dos pressupostos básicos da teoria junguiana.

6. MAIOR ABRANGÊNCIA DO D-E

Tem sido enfatizada a utilidade terapêutica do D-E (MESTRINER, 1982; TRINCA A.M.T., 1987). Além disso, revela-se adequado para a avaliação de psicóticos. Mestriner (1982) testou a sua aplicabilidade em pacientes esquizofrênicos hospitalizados. Usando o método de validade simultânea, concluiu que o D-E possibilita discriminar com alta probabilidade o grupo esquizofrênico do grupo de sujeitos normais; tanto em relação aos desenhos, quanto na verbalização, o grupo de esquizofrênicos mantém características que lhes são peculiares. Al'Osta (1984), com metodologia semelhante, pôde comparar, tendo por referência o D-E, um grupo de psicóticos maníaco-depressivos crônicos com um grupo de sujeitos normais. Nesta pesquisa, os sujeitos eram adultos do sexo feminino e foram claramente discriminados pelos avaliadores.

Também o D-E tem se prestado a servir para acompanhamentos (*follow-up*) e segmentos de processos psíquicos. Gorodscy (1991) utilizou-o para o acompanhamento da evolucão terapêutica de crianças hiperativas de sete a doze anos de idade. Empregando o instrumento no início do processo terapêutico e voltando a utilizá-lo seis meses depois, ela verificou que as alterações ocorridas na personalidade durante esse período por influência da psicoterapia se refletiam na produção do D-E. A autora concluiu, então, que este se constituía em excelente medida de avaliação da evolução terapêutica de crianças. Do mesmo modo, Cruz (1987) realizou aplicações sucessivas, com intervalos de aproximadamente seis meses, para acompanhar as transformações ocorridas na representação da escola em crianças da classe trabalhadora. O D-E, juntamente com outras técnicas, permitiu que se seguissem essas transformações (desde antes do primeiro contato da criança com a escola), bem como que se determinassem os principais passos da evolução da adaptação à escola.

Flores (1984), por outro lado, contribuiu para a ampliação do uso do D-E a crianças terminais. Visou apreender e compreender os conteúdos emocionais presentes em crianças de 3 a 10 anos à época da hospitalização e, desse modo, auxiliar no atendimento e na orientação dessas crianças. Observou fantasias e angústias diante da morte, simbolismos e personificações da morte, além de impulsos agressivos, mecanismos de defesa e procura de objetos protetores. Em estudo psicológico sobre mulheres mastectomizadas por câncer de mama, Barbosa (1989) utilizou o D-E, junto com outras técnicas psicológicas, para a avaliação da personalidade. Partindo da identidade corporal feminina, essa autora procurou compreender a dor psíquica pela qual passaram as mulheres que sofreram amputação de um órgão fundamental para sua identidade feminina. Perina (1992) usou o D-E para obtenção de informações e para intervenções terapêuticas em atendimentos de crianças com câncer nas fases de regressão da doença: recaída, prognóstico fechado e terminal propriamente dito. Foi possível acompanhar os processos psicodinâmicos presentes nas relações interpessoais das crianças, bem como as vivências diante da morte e do processo de morrer.

Em outro estudo pioneiro, Amiralian (1992) adaptou o D-E de modo tal que sujeitos cegos acompanhassem a própria expressão gráfica. Montando uma prancheta revestida com tela e que servia de suporte de papel sulfite, os desenhos puderam ser feitos por cegos com lápis comum. Assim, ela estudou a organização da personalidade de sujeitos cegos. Buscou compreender o significado da cegueira nas angústias do cego, nas escolhas dos seus objetos afetivos, na definição de mecanismos de defesa e nos caminhos para a sua elaboração egoica.

7. ILUSTRAÇÃO DO USO DO D-E NA AVALIAÇÃO DE UM CASO DE DIFICULDADE DE APRENDIZAGEM

Sônia é uma menina de sete anos, que cursa a primeira série em uma escola da rede pública. Ela tem uma irmã de três anos. Sua mãe é professora primária e seu pai publicitário. Foi encaminhada para avaliação psicopedagógica porque está apresentando dificuldades na leitura, na escrita e na execução de tarefas escolares. Segundo a mãe, Sônia passa a tarde toda fazendo uma simples lição, que poderia ser feita em quinze minutos.

É a primeira filha do casal e foi muito esperada e desejada. Na ocasião de seu nascimento, a mãe trabalhava meio período como professora na rede pública e, por isso, contou com a ajuda de sua sogra para cuidar da filha. Resolveu parar de trabalhar um pouco depois do nascimento da segunda filha para se dedicar melhor às filhas. Ela relata, porém, que sente muita vontade de voltar a trabalhar, que adora sua profissão e que se sente decepcionada com as dificuldades de Sônia. Acreditava que ela própria seria capaz de ajudar a filha a resolver seus problemas escolares, mas constatou que sua interferência só piorou a situação. No entanto, acredita que, quando Sônia quer, é capaz de fazer as lições corretamente. E relata certas ocasiões em que a filha executa adequadamente as tarefas porque ganha a recompensa de passear no *shopping*, por exemplo.

A mãe relatou não ter notado ciúmes em Sônia, nem tampouco agressividade em relação à irmã; esta, ao contrário, às vezes abusa um pouco da maior. Disse ainda que Sônia é muito grande para a sua idade, e que as pessoas muitas vezes esperam dela comportamento de criança mais velha. Teve um desenvolvimento normal; é criança saudável, come e dorme bem. É alegre e afetiva. A mãe se diz muito exigente, ao invés do pai que é mais compreensivo e paciente.

No contato, Sônia mostrou-se à vontade. Perguntada se sabia por que estava ali, respondeu: "Porque estou sem atenção". Reconheceu estar encontrando dificuldade para executar as tarefas escolares, ler e escrever. Aceitou prontamente as propostas feitas de desenhar, embora, sempre que escrevesse algo relacionado ao desenho, perguntava: "É com s ou z?" "Com d ou t?" Foi muito crítica a respeito do seu desempenho, dizendo frequentemente: "Não está muito bom" ou "Não sei fazer muito bem isso", ainda que continuasse a desenhar. Ela se sentia muito bem recebendo atenção naquela situação de avaliação. Foram aplicadas duas séries do D-E: a primeira, convencional; a segunda, com tema. Como dissemos, a série com tema obedeceu à seguinte consigna, reiterada em cada unidade de produção: "Desenhe uma situação de aprendizagem, ou seja, uma situação onde alguém ensina a alguém qualquer coisa".

7.1. Primeira série de produção do D-E (Convencional)

1º desenho. Cf. fig. n. 1. Verbalização:

"Uma bruxa está fazendo uma poção mágica. Junto com ela estavam dois fantasmas, um homem sem cabeça e a irmã dela. Ela estava comemorando o dia das bruxas. A bruxinha estava alegre porque a poção mágica estava pronta. De repente, a poção mágica fez um barulho esquisito. A bruxa foi olhar e disse: 'A poção mágica queimou'. A abóbora se assustou. A lua deu risada, o fantasma não disse nada. Todos ficaram assustados. (Profissional: Quem é esta? apontando para o desenho) A irmã dela que está voando para a casa de outra bruxinha, levando um presente para a bruxinha".

Título: Dia das Bruxas.

Interpertação: A figura materna é horrorosa, a paterna é ausente e a fraterna recebe os favores da primeira. O que fica estragada é a relação da figura materna com a fraterna. A cliente, ressentida, dá risada ("a lua deu risada").

Figura n. 1

2º desenho. Cf. fig. n. 2. Verbalização:

"Laila ganhou uma bicicleta. Ela foi até o sítio da tia Célia. O céu estava com neblina e nublado. Laila descontrolou a bicicleta e caiu na grama. Ela não se machucou mas sujou sua camiseta de flanela nova. Esta é uma história de meu livro da escola. Tem o entendimento do texto, mas não precisa.
Título: O tombo.

Interpretação: Medo de que impulsos descontrolados e espontâneos sejam passíveis de punição.

Figura n. 2

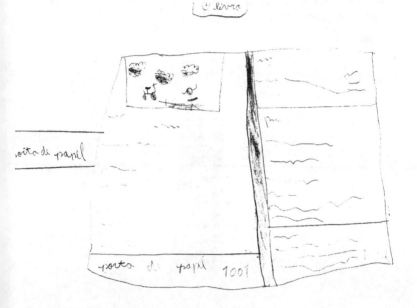

3º desenho. Cf. fig. n. 3. Verbalização:

"É uma casa. Não, um apartamento, porque moro em apartamento. Vou fazer todas as janelinhas. Vai demorar. Quando chegar no meu, eu falo... 14, 13, 12... chegou. Moro no 12. Vou fazer meu quarto. Ele é bonitinho. Aqui está para vender, este também, este também. Este está com a janela fechada porque as pessoas saíram. Vou fazer a portaria. Vou fazer uma ruinha com os carros passando. Vou colocar o nome do prédio. Esparta é com s ou z? Eh, errei o nome. (Fala espontaneamente enquanto desenha.) Ele é verde. Ele é legal e chama Esparta. Eu tenho muitas amigas no prédio. Eu moro no 12º andar. A minha amiga mora embaixo de mim. O prédio tem parque com escorregador e gangorra. Tem espaço muito grande".

Título: Meu prédio.

Interpretação: A identidade está bem consolidada. Gosta de ser quem ela é (essa é a única produção em que põe o nome completo).

Figura n. 3

4º desenho: Cf. fig. n. 4. Verbalização:

"Céu tem acento? (Pinta o arco-íris, copiando da caixa de lápis de cor). O dia amanheceu claro. De repente caiu uma pequena chuva. Logo depois houve um arco-íris. O céu estava lindo. De repente, formou-se uma poça d'água no chão. Coitadinha da flor. Ela estava bem no meio da poça. Esta nuvem está entrando nesta e vai formar uma bem grande".

Título: O céu e o arco-íris.

Interpretação: Nem tudo são belezas: fala do lado feio dentro dela. Será a hostilidade?

Figura n. 4

5º desenho: Cf. fig. n. 5. Verbalização:

"A fada foi um dia passear no bosque. Ela estava com um colar de pérolas azul, um vestido azul, com uma flor e sua varinha mágica. De repente, ela viu um bando de passarinhos voando. Ela ficou feliz. Ela tinha outro bando de amigos".

Título: A fada.

Interpretação: Quer ser atraente, requisitada e amada.

Figura n. 5

7.2. Segunda série de produção do D-E (com tema)

1º desenho: Cf. fig. n. 6. Verbalização:

"Aqui, (apontando no desenho) uma cadeira que eu não sei desenhar direito. Joãozinho, o danadinho, estava indo para a escola quando caiu numa poça de lama. Ele ficou todo sujo. A professora reclamava e dizia: 'Moleque, você está todo sujo. A sua roupa branquinha está marronzinha. Agora vá já fazer essa lição!' O Joãozinho disse: 'Eu já acabei.' E deu para a professora a lição. E ela disse: 'Parabéns, tirou ótimo'. (Profissional: Por que caiu na poça de lama?) Porque estava distraído. Tropeçou numa pedra e caiu na poça".

Título: A escola.

Interpretação: Recebe repreensões e castigos por seus erros e faltas. Tenta se livrar de um superego repressor e crítico. Tem imagem de si como alguém bastante capaz.

Figura n. 6

2º desenho. Cf. fig. n. 7. Verbalização:

"Aqui, um maiô que não sei desenhar direito. Um dia, na academia de D. Alda entraram Marina e Suelen. Elas combinaram de fazer ginástica. Quando elas foram da primeira vez, foi muito fácil. Era assim: colocavam um braço para cima e outro para baixo. Colocavam uma perna reta e a outra torta. A tia não parava de dizer: um, dois, três, quatro e repetia tudo outra vez. (Profissional: Como as meninas se sentiam?) Bonitas, não, alegres porque estavam fazendo pela primeira vez ginástica. (Profissional: E a tia?) Estava gostando das meninas porque elas só faziam o que ela mandava. Falta o suor!" (Desenha o suor).

Título: A ginástica.

Interpretação: A figura materna é internalizada como dominadora e exigente. Como seria depois da "primeira vez"? O suor é indicativo de que diminui o prazer em desenvolver uma atividade agradável, se a cliente é exigida e determinada a partir de uma figura materna dominadora.

Figura n. 7

3º desenho: Cf. fig. n. 8. Verbalização:

"Pista é com z ou com s? Pista de carro... tive a ideia olhando esta latinha, onde estão os lápis. Não sei desenhar a lua direito. Olha como fiz, assim, bonitinho (referindo-se à lua). Joãozinho foi com seu pai na pista de carro. Eles pegaram um carro e iam andar. Joãozinho, como sempre danadinho, perguntou para seu pai: 'Papai, você sabe por que a pomba voa?' 'Meu filho, sinceramente eu não sei'. 'É porque a pomba tem asas... há... há... há...' Depois eles foram no carro e Joãozinho aprendeu a dirigir o carro. 'Papai, você me dá um carro?' 'É claro que sim'".

Título: A pista.

Interpretação: A relação com a figura paterna é de camaradagem, amistosidade e satisfação de desejos.

Figura nº 8

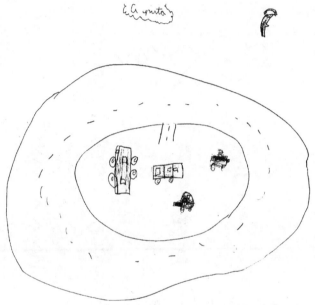

4º desenho. Cf. fig. n. 9. Verbalização:

"Laila e Margarida são irmãs. Elas queriam cantar. Laila não é exibida mas a Margarida é exibida. Margarida tem cabelos pretos, mas na verdade ela colocou peruca loura. A tia estava de vestido azul de chuquinha azul e tinha cabelos vermelhos. Elas então foram para a aula de canto. A professora só ficava dizendo: 'Lá, lá, rá, rá... com os braços esticados para o lado e as duas pernas tremendo'. (Profissional: Por que com as pernas tremendo?) Para marcar a coreografia da música".

Título: A aula de canto.

Interpretação: Tendências narcísicas censuradas porque provocam o ridículo.

Figura n. 9

5º desenho. Cf. fig. n. 10. Verbalização:

"Joãozinho e Magda são primos. Eles têm um tio chamado Jorge, que é pintor. E ele convidou as crianças para pintar um desenho. Magda fez um riacho chamado Janete. O professor fez uma menina chamada Joana, e Joãozinho fez um menino chamado Leonardo. Todos foram de mãos dadas para casa. Magda correu e falou com a mãe: 'Mamãe, eu pintei um quadro. Eu fiz um riacho. João fez um menino chamado Leonardo. E o nome do meu riacho era Janete'".

Título: A pintura.

Interpretação: Tentativas de reconciliação e de proximidade em relação às figuras parentais, especialmente à figura materna. Procura superar o conflito edípico.

Figura n. 10

7.3. Discussão

As dificuldades escolares parecem se associar a exigências desmedidas da mãe, que espera da filha um alto desempenho escolar. Isto coloca a função escolar da filha no lugar do desejo da mãe. Para aquela, o interesse escolar não mais é um interesse próprio, e sim da mãe (externa e interna). O pai, porém, mais compreensivo, contrabalança essa situação a favor da sanidade da criança.

A primeira série de produção do D-E remonta às queixas da cliente contra a figura materna, razão pela qual procura controlar a hostilidade, receando perder o amor materno. Na segunda série, faz prevalecer um superego crítico, identificado com a figura materna. Nesse sistema, a aprendizagem escolar torna-se um suplício, do qual a criança tenta se livrar. A figura paterna é incentivadora e amiga.

Desse modo, o D-E conseguiu pôr à luz o conflito principal. No mais, além dos problemas de aprendizagem, a cliente apresenta-se relativamente bem integrada. Há grandes oportunidades de solução favorável do quadro inicialmente descrito.

8. CONCLUSÃO

Como vimos, vários estudos realizados tanto para a avaliação estatística, quanto para a validação clínica do D-E – assim como do derivado Procedimento de Desenhos de Família com Estórias (cf., tb., PORTO, 1985) – corroboram a hipótese de que esses instrumentos se prestam à avaliação de angústias básicas, conflitos e perturbações nodais que estão presentes em determinado momento na vida das pessoas. Por isso, constituem-se em penetrantes meios auxiliares do profissional e visam atingir diretamente os distúrbios principais. Tratam-se, pois, de importantes recursos de avaliação, acompanhamento e terapia das dificuldades de aprendizagem.

REFERÊNCIAS

AL'OSTA, Alfredo J.S. *Validação do procedimento de desenhos-estórias em pacientes psicóticos maníaco-depressi-*

vos hospitalizados. Campinas: Instituto de Psicologia da PUCCAMP, 1984, 79 p. [Dissertação de Mestrado].

AMIRALIAN, Maria Lúcia T.M. *Compreendendo o cego através do procedimento de desenhos-estórias*: uma abordagem psicanalítica da influência da cegueira na organização da personalidade. São Paulo: Instituto de Psicologia da USP, 1992, 189 p. [Tese de Doutorado].

BARBOSA, Ana M.S. *Viagem ao vale da morte*: estudo psicológico sobre mulheres mastectomizadas por câncer de mama. 2 vols., São Paulo: Instituto de Psicologia da USP, 1989, 303 p. [Dissertação de Mestrado].

BARONE, L.M.C. & TRINCA, W. "O uso do procedimento de desenhos-estórias no diagnóstico psicopedagógico". *Boletim*. Associação Estadual de Psicopedagogos de São Paulo, 3 n. 5, 1984, p. 5-16.

BARONE, L.M.C. Algumas contribuições da psicanálise para a avaliação psicopedagógica. In: OLIVEIRA, V.B. & Bossa, N.A. (orgs.). *Avaliação Psicopedagógica da criança de zero a seis anos*. Petrópolis: Vozes, 1994.

_____. *De ler o desejo ao desejo de ler*: uma leitura do olhar do psicopedagogo. Petrópolis: Vozes, 1993.

BARONE, L.M.C.

BLEICHMAR, H. *Introdução ao estudo das perversões*: teoria do édipo em Freud e Lacan. Porto Alegre: Artes Médicas Sul, 1984.

BRASIL, Angela M.R.C. *Fracasso escolar, uma questão simbólica*: estudo analítico junguiano dos dinamismos infantis na família, na escola e na cultura. São Paulo: Instituto de Psicologia da USP, 1989, 188 p.

BRITO, Marcionila R.S. *Dinâmica das relações familiares e perturbações no processo de identificação de meninos com o papel sexual masculino*. Campinas: Instituto de Psicologia da PUCCAMP, 1986, 287 p. [Dissertação de Mestrado].

CASTRO, Clara C. *Uma interpretação psicodinâmica da observação de mulheres estéreis com endometriose*. São Paulo: Instituto de Psicologia da USP, 1990, 390 p. [Dissertação de Mestrado].

CRUZ, Silvia Helena V. *A representação da escola em crianças da classe trabalhadora.* São Paulo: Instituto de Psicologia da USP, 1987, 274 p. [Dissertação de Mestrado].

FERNANDES, Marly A. *Fantasias inconscientes de primigestas através do procedimento de desenhos-estórias.* Campinas: Instituto de Psicologia da PUCCAMP, 1988, 130 p. [Dissertação de Mestrado].

FLORES, Ricardo Justino. *A utilidade do procedimento de desenhos-estórias na apreensão de conteúdos emocionais em crianças terminais hospitalizadas.* Campinas: Instituto de Psicologia da PUCCAMP, 1984, 221 p. [Dissertação de Mestrado].

GIANNOTTI-HALLAGE, Anancy G. *Efeitos psicológicos das cardiopatias congênitas sobre o paciente e a família.* São Paulo: Instituto de Psicologia da USP, 1988, 161 p. [Tese de Doutorado].

GIMENEZ, Maria Tereza. *Estudo clínico da fobia escolar.* Campinas: Instituto de Psicologia da PUCCAMP, 1982, 225 p. [Dissertação de Mestrado].

GORODSCY, Regina C. *A criança hiperativa e seu corpo*: um estudo compreensivo da hiperatividade em crianças. São Paulo: Instituto de Psicologia da USP, 1990, 166 p. [Tese de Doutorado].

HAMES, Suely Lopes. *Considerações sobre a realidade externa e o mundo interno de crianças portadoras de doença péptica.* São Paulo: PUCCAMP, 1992, 246 p. [Dissertação de Mestrado].

LACAN, J. *Escritos.* São Paulo: Perspectiva, 1978.

LIMA, Célia M. Blini de. *Aliança familiar na adaptação escolar ineficaz.* São Paulo: Instituto de Psicologia da USP, 1991, 386 p. [Dissertação de Mestrado].

MÁZZARO, A.C. *Investigação clínica da personalidade de adolescentes homicidas através do procedimento de desenhos-estórias.* Campinas: Instituto de Psicologia da PUCCAMP, 1984, 146 p. [Dissertação de Mestrado].

MESTRINER, Sônia M.M.E. *O procedimento de desenhos-estórias em pacientes esquizofrênicos hospitalizados.* São Paulo: Instituto de Psicologia da USP, 1982, 222 p. [Dissertação de Mestrado].

_____. *O procedimento de desenhos-estórias em crianças asmáticas.* São Paulo, 1989, 234 p. [Tese de Doutorado].

MIGLIAVACCA, Eva M. *Semelhanças entre o procedimento de desenhos-estórias e os conteúdos dos sonhos:* uma interpretação psicanalítica. Instituto de Psicologia da USP, 1987, 145 p. [Dissertação de Mestrado].

MORENO, Neyde M.M. *Estudo da personalidade de pacientes com deficiência mental leve através do procedimento de desenhos-estórias.* São Bernardo do Campo: Instituto Metodista de Ensino Superior, 1985, 213 p. [Dissertação de Mestrado].

PAIN, S. *A função da ignorância.* Vols. 1 e 2. Porto Alegre (RS). Artes Médicas Sul, 1988.

PAIVA, Maria Lucimar F. *Relações entre representações cognitivas, afetivas e desempenho escolar de crianças de quatro a cinco anos de idade.* São Paulo: Instituto de Psicologia da USP, 1992, 193 p. [Tese de Doutorado].

PERINA, Elisa Maria. *Estudo clínico das relações interpessoais da criança com câncer nas fases finais.* São Paulo: Instituto de Psicologia da USP, 1992, 333 p. [Dissertação de Mestrado].

PORTO, Valdeque R.N. *Estudo de validação de um procedimento de desenhos de família com estórias, destinado à exploração clínica da personalidade de crianças.* Campinas: Instituto de Psicologia da PUCCAMP, 1985, 138 p. [Dissertação de Mestrado].

TARDIVO, Leila S.P.C. *Normas para avaliação do procedimento de desenhos-estórias numa amostra de crianças paulistanas de cinco a oito anos de idade.* São Paulo: Instituto de Psicologia da USP, 1985, 208 p. [Dissertação de Mestrado].

TRINCA, Ana Maria T. *A apreensão de conteúdos emocionais de crianças em situação pré-cirúrgica.* São Paulo: Instituto de Psicologia da USP, 1987, 305 p. [Dissertação de Mestrado].

TRINCA, Walter. *O desenho livre como estímulo de apercepção temática.* São Paulo: Instituto de Psicologia da USP, 1972, 180 p. [Tese de Doutorado].

_____. *Investigação clínica da personalidade: o desenho livre como estímulo de apercepção temática*. São Paulo: E.P.U., 1987, 2. ed., 157 p. [Col. Temas Básicos de Psicologia].

_____. "O procedimento de desenhos de família com estórias (DF-E) na investigação da personalidade de crianças e adolescentes". *Boletim de Psicologia*, São Paulo, n. 39, ano 90/91 p. 45-54, 1989.

TRINCA, W. et al. "O procedimento de desenhos de família com estórias (DF-E) no diagnóstico familiar: utilização cruzada com a criança e os pais". *Resumos da XX reunião anual de psicologia*. Soc. Psicologia de Ribeirão Preto. Ribeirão Preto, 1990, p. 104.

TSU, Tânia M.J.A. "O procedimento de desenhos-estórias com tema. *Anais do III Encuentro latino-americano de psicologia marxista y psicoanalysis"*. Havana: Cuba, 1990.

_____. et al. "O uso do procedimento de desenhos-estórias com tema na investigação da representação social da "criança problema" em profissionais. *Resumos do congresso interno do instituto de psicologia da USP*. São Paulo: Ipusp, 1991.

TSU, Tânia M.J.A. "Vício e loucura: estudo de representações sociais de escolares sobre doença mental através do uso do procedimento de desenhos-estórias com tema". *Boletim de Psicologia*, São Paulo, n. 41, ano 94/95, p. 47-56, 1991.

capítulo III

Suelly Cecília Olivan Limongi

A linguagem na criança de sete a onze anos: O processo de construção e a educação formal

Suelly Cecília Olivan Limongi*

Nosso objetivo principal nesse capítulo é tratar da linguagem oral na criança de sete a onze anos de idade. A presente proposta segue a mesma linha desenvolvida em nosso trabalho anterior (LIMONGI, 1994) onde apresentamos a linguagem e seu processo de construção do ponto de vista da epistemologia genética.

Pensando na criança nessa faixa etária, algumas questões acerca de seu desenvolvimento como um todo logo se apresentam como importantes, considerando-se os profissionais que mais diretamente estão encarregados de sua educação: o professor e o psicopedagogo. A primeira ideia que surge é a de que se trata de uma criança que, aos sete anos, ainda está em processo de alfabetização, iniciando um longo período de formalização dos conceitos e conhecimentos adquiridos através da experiência (e que ainda continuarão a sê-lo). Essa educação formal está assentada, na maioria das vezes, ainda hoje, na passagem de uma grande quantidade de conteúdos teóricos, através de definições, divididos em programas estabelecidos por séries que devem ser desenvolvidos durante períodos letivos.

Em geral espera-se que a criança, ao chegar a essa fase, onde iniciará já a primeira série do primei-

---

[*] Fonoaudióloga; doutora em Psicologia Social, USP; professora do curso de fonoaudiologia da Faculdade de Medicina da USP.

ro grau, tenha superado as principais dificuldades consideradas como obstáculo para seu desenvolvimento escolar: a nível de fala e linguagem, quanto à articulação de fonemas, estruturação frasal, organização e expressão de pensamento; a nível da relação fonema-grafema, da análise-síntese silábica e formação de palavras; a nível de noções matemáticas como enumeração, quantidade e certas noções enfatizadas nessa área de conhecimento como maior/menor, antes/depois, primeiro/último, embaixo/em cima, pouco/muito, etc.

Acreditamos ser importante destacar esses fatos uma vez que, com frequência, são levantados e apontados como dúvidas trazidas pelo professor para o fonoaudiólogo ao considerar as dificuldades apresentadas pelos alunos.

1. O DESENVOLVIMENTO COGNITIVO

É por volta dos sete/oito anos que a criança inicia o chamado período operatório concreto. Trata-se de uma fase transitória entre a ação e as estruturas lógicas mais gerais, que implicam uma combinatória e uma estrutura de "grupo", assentadas nas operações básicas de classes e relações. As operações apresentam quatro características que vão se somando durante o processo de evolução, partindo das concretas (onde a criança lida com os conteúdos) e culminando nas formais: 1) são ações que são internalizadas; 2) são reversíveis; 3) mantém algo invariante, embora sempre ocorra uma transformação; 4) nenhuma operação existe sozinha.

A criança, nessa fase, não mais possui o pensamento dominado pela percepção, como acontecia anteriormente, embora ainda esteja vinculado a ela e estreitamente ligado ao concreto. Ela já domina os problemas de classificação e seriação, percebe as transformações e as correspondências entre elas. Está apta a lidar com as operações básicas de reversibilidade, consistindo na inversão (*onde A - A = 0*) e na reciprocidade (*onde A corresponde a B e B corresponde a A*), mas ainda sem conseguir coordená-las.

Isto se deve ao fato de que, como mostram Inhelder e Piaget (1976, edição original de 1970), a criança percebe as transformações que ocorrem nas ações e situações, essas transformações adquirem uma forma reversível e o pensamento operatório concreto se caracteriza por uma extensão do real em direção ao virtual. "Por exemplo, classificar os objetos significa construir conjuntos de tal forma que novos objetos possam ser ligados aos objetos já classificados, e novas inclusões se tornam possíveis. Seriar objetos em ordem comporta igualmente novas subdivisões possíveis" (p. 187). Mas é importante lembrar que essas "possibilidades" relativas às operações concretas ainda não estão abertas a hipóteses. No início dessa fase a criança estrutura e organiza o dado real; a hipótese é ainda um simples prolongamento das ações ou operações aplicadas a esse conteúdo real. "Se admitimos que (a criança) cria hipóteses, é preciso esclarecer que estas são apenas projetos de ações possíveis, e não, como no adolescente, formas de imaginar o que deveria ser o real se tal ou qual condição hipotética fosse satisfeita" (INHELDER & PIAGET, 1976, edição original de 1970: 188).

Com sete/oito anos a criança compreende que para construir com blocos de madeira é necessário usar os mais compridos, com maior diâmetro e mais pesados como base, os menores e mais leves acima deles, os circulares necessitam de apoio para permanecerem no local desejado, os com ângulos mais obtusos dificilmente comportarão outros em cima devido a pouca base para manutenção do equilíbrio. Dessa forma ela tem condição de organizar os blocos a serem usados de acordo com o tipo de construção: base, parede, janela, porta, telhado; ela faz projetos, modifica esses projetos, isto é, vê possibilidades, mas a experiência (a ação) ainda tem grande importância. Será a partir do final dessa fase, aproximando-se da adolescência que, se tomarmos esse mesmo exemplo, a criança lidará com essas relações, que constituirão realmente operações (onde as quatro características citadas estarão presentes) tendo condição de fazer hipóteses e não mais apenas possibilidades, uma vez que as relações entre elas estão compreendidas: um bloco com ângulo obtuso pode-se juntar a outro com as mesmas características de tal maneira a formar um ângulo reto e ampliar a base de equilíbrio para que uma peça menor se encaixe e constitua, por exemplo, uma nova janela.

É, portanto, durante a fase das operações concretas, que a criança passará do real para considerar as possibilidades, isto é, o que poderia efetuar. Através do jogo do real para o possível a criança pode verificar os estados estáticos e as transformações que ocorrem e chegar a ter uma representação das transformações hipotéticas que servirão para imaginar novas experiências, já na fase de transição para o próximo período (operatório formal). Portanto haverá, durante a fase que transcorre entre os sete e onze/doze anos, aquisições importantes com relação às conservações (primeiramente massa, a seguir comprimento, peso), à inclusão de classes (além da adição, onde os elementos são somados uns aos outros por uma ou duas características de semelhança, e depois diferença, para constituir grupos), às ordenações assimétricas (com a noção da dupla relação, isto é, um elemento estar relacionado, ao mesmo tempo, com o que lhe antecede e com o que lhe segue).

Tal importância se refletirá na fase seguinte quando o adolescente se mostrar capaz de lidar, em nível de linguagem oral, com as partículas proposicionais. As que representam as primeiras relações que a criança estabelece e que no período pré-operatório aparecem em nível da ação são:

- *não*, que é a negação *(não põe)*
- *é*, que é a designação da qualidade *(é grande)*
- *e*, que é a conjunção *(dá o carro e a boneca)*
- *ou*, que é a disjunção, apresentando dois sentidos: a exclusão (necessidade: *põe ou tira*) e a inclusão (possibilidade: *eu quero maçã ou laranja (ou ambas)*. O primeiro sentido, geralmente, é o mais facilmente apresentado e compreendido. O sentido referente à possibilidade aparecerá somente quando a criança começar a lidar com as operações lógicas.
- *se... então*, que é o condicional, em geral mais usado com o sentido de causalidade *(se eu mexer então a torre cai)* (LIMONGI, 1994, p. 176).

No período a que nos referimos no presente capítulo tais partículas já aparecem expressas oralmente, muito embora seu vínculo ainda seja forte com a ação concreta, com o real. É nessa fase, também, que a criança estará efetivando o uso de outras partículas, até então expressas, muitas vezes, em estruturas frasais inadequadas, embora as relações possam ser percebidas como corretas, ou ainda de maneira pouco frequente. É o caso do *quando, onde, porque, para* que evoluem para o sentido das relações que expressam, em estruturas frasais declarativas e não somente em respostas a perguntas feitas por outros: relação de tempo *(quando faz calor eu vou na piscina)*, relação de espaço *(nas férias eu vou onde minha avó mora)*, relação de causa *(põe a coca na geladeira porque ela está quente)*. Será a partir do final dessa fase que a criança terá condições de compreender e usar adequadamente o *mas (eu quero sorvete mas estou com dor de garganta)*, o *se... então*, enquanto condicional expressando uma hipótese *(estou com dor de garganta e se eu tomar sorvete (então) o resfriado pode piorar)*.

2. DESENVOLVIMENTO COGNITIVO E LINGUAGEM

Resumidamente, a criança atingirá a fase das operações concretas graças à construção de noções extremamente importantes. "Estamos nos referindo às noções de permanência do objeto, tempo, espaço, causa, classificação e seriação, construídas concretamente, através da experimentação. É atuando no meio que a criança irá formar seus primeiros pré-conceitos, nesse caso, motores. E o que permite à criança chegar a esse estágio são os esquemas motores, ou melhor especificando, a partir deles e da coordenação necessária entre eles. Percorrendo esse caminho chegamos, então, ao ponto essencial para situar a gênese de todo esse processo: a ação, a troca necessária entre organismo e meio, realizada de maneira extremamente dinâmica" (LIMONGI, 1994: 162).

É dessa forma que a criança conhece as características essenciais dos objetos. É dessa forma também que irá tentar encaixar objetos em características já conhecidas. A criança estará, então, dando significado aos objetos e às ações com eles realizadas, caminhando em direção à representação, cuja uma das formas de expressão, a mais evoluída, é a linguagem. Como o próprio Piaget (1978, edição original de 1946) aponta, conhecer é pensar relações e essas relações, que serão descobertas, estão no sujeito e não no objeto que será conhecido. Trata-se, portanto, de um processo caracterizado pela relação de interdependência entre o sujeito que conhece e o objeto.

Essas ideias, embora extremamente sintetizadas, aliadas às anteriormente apontadas, mostram a interdependência entre a linguagem e o desenvolvimento cognitivo. No início do desenvolvimento da criança somente a ação se fará presente. Com o aparecimento da linguagem oral a ação terá, ainda por um período grande (até aproximadamente dois/ três anos), a supremacia. Daí para frente ambas caminharão juntas de tal forma que, pouco a pouco, a linguagem passe a ter função de expressão maior que a ação, muito embora esta tenha ainda papel complementar e de comprovação: a criança age, fala sobre sua ação e evolui no sentido de primeiramente falar, planejando a ação, para depois executá-la (LIMONGI, 1992).

É a partir desse momento que o período operatório concreto, se dermos mais ênfase à linguagem, estará se constituindo. A linguagem, então, caminhará de forma a permitir que, até o final desse período, haja total independência com relação à ação e favoreça a antecipação e, finalmente, a hipotetização, somente nos referindo à expressão oral.

Se relacionarmos esses fatos com os apontados quanto ao desenvolvimento cognitivo podemos ressaltar alguns pontos importantes, considerando-se tanto as noções adquiridas quanto sua expressão através das partículas proposicionais:

2.1. Noção de tempo, que já vem sendo traduzida através de palavras usadas pelas crianças desde o período pré-operatório. Aparecem, primeiramente, em emissões isoladas para, então, estarem inseridas em estruturas frasais (*antes, depois, agora, daqui a pouco, ontem, amanhã, hoje*) para culminar na partícula proposicional *quando*. Por volta dos sete anos tal partícula já aparece em sentenças declarativas, além de seu sentido ser usado corretamente em respostas dadas a perguntas que a utilizam, como já exemplificamos.

2.2. Noção de espaço, que, da mesma forma que a noção anterior, tem sua compreensão traduzida em certos vocábulos, desde o período anterior do desenvolvimento cognitivo: *aqui, lá, em cima, embaixo, perto, longe, do lado, atrás, na frente*, indo de emissões isoladas à inserção em estruturas frasais. A nível das partículas proposicionais essa noção é expressa através do vocábulo *onde,* que no período pré-operatório se encontra implícito nas respostas a perguntas que o utilizam. Ao iniciar o período operatório concreto seu uso já se torna possível em sentenças declarativas, como exemplificamos anteriormente.

2.3. Noção de causa, que no período pré-operatório, por volta dos cinco anos, já aparece em expressões orais através do vocábulo *porque,* tanto em estruturas interrogativas quanto declarativas, mas sempre com sentido voltado à explicação ou à busca de uma explicação de situações concretas, onde predomina a percepção dessas situações. A partir dos sete anos, apesar de a criança ainda estar presa à percepção, já tem condição de estabelecer a relação causa-efeito que irá se efetivando com a evolução dentro desse período, corroborando na compreensão da implicação (período formal), que se traduzirá mais tarde, especificamente, através da partícula *se... então*.

2.4. Classificação, que durante o período operatório concreto evoluirá da adição de elementos para formar grupos, o que caracteriza a noção de conjunção, representada pela partícula *e*, onde a criança lida com algumas poucas características de semelhanças ou diferenças, para a inclusão de elementos em uma classe. Nesse sentido a criança deve lidar com as características que seleciona dos elementos, sejam de semelhança ou de diferença, ou ainda de semelhança e de diferença, simultaneamente, o que é uma operação mais evoluída, para decidir de qual grupo o elemento em questão fará parte. É nesse momento que a criança começará a lidar com a noção de interseção, até então ainda não compreendida: a criança consegue destacar elementos que possuem características de componentes de outros dois grupos, por exemplo, mas que podem constituir um novo ao compará-las.

Assim, além da partícula *e*, começa a ter importância a partícula *mas*, mesmo que ainda não esteja expressa oralmente: a criança deve encaixar um bicho de plástico grande, mamífero e selvagem (elefante, por exemplo) em um de dois grupos contendo bichos pequenos, mamíferos e domésticos e bichos grandes, aves e selvagens; nesse caso, o elefante tem características de ambos os grupos, mas não se encaixa totalmente em nenhum deles, devendo constituir um novo. Outro fato que merece destaque ao considerarmos a evolução da classificação no período operatório concreto é que a criança compreenderá e depois passará a utilizar de maneira efetiva na expressão oral (por volta dos nove anos) vocábulos como *todos* e *alguns*, *inteiro (todo)*, *partes* e *metade (meio)* (PIAGET & INHELDER, 1971, edição original de 1959).

2.5. Seriação, onde a criança, a partir dos sete anos até os onze, terá condição de ordenar mais de seis elementos, mesmo que necessitando de ajuda sensório-motora, isto é, comparar diferenças de comprimento, largura, espessura e peso pegando nas mãos, por exemplo, apenas os últimos elementos a serem incluídos, uma vez que as diferenças entre eles estarão mais sutis. A mesma observação é válida quando consideramos a inclusão de um elemento em uma série já ordenada. Fica, assim, evidenciada a evolução na noção da dupla relação (já explicada anteriormente) onde as noções *maior que (ou mais que)* e *menor que (ou menos que)* já estão interiorizadas e realizadas simultaneamente. O que concorre para tanto é também a evolução na noção da conservação, como apontamos no início do nosso capítulo. A importância da evolução desses fatos se reflete, um pouco mais para frente, quando a criança, por volta de nove anos, consegue compreender e utilizar oralmente as partículas indicativas da comparação *tanto (tão) que*.

Será com a compreensão dessas noções, no final do período que estamos estudando, que a criança terá condições de perceber essas relações citadas considerando-se situações mais abstratas como parentesco: compreender que primo, por exemplo, é o filho do irmão da mãe, que ambos (o primo e o sujeito) têm, portanto, os mesmos avós maternos, que esse primo materno não tem relação de parentesco com a prima paterna, mas que essas mesmas relações se repetem quanto a essa prima e o sujeito.

Vemos, portanto, que a evolução nessas noções leva à efetivação no uso das partículas proposicionais, considerando-se sua expressão oral, como já havíamos nos referido anteriormente.

3. COMUNICAÇÃO ORAL E O ENSINO FORMAL

Voltando agora nossa atenção à questão do ensino formal que a criança passa a receber, de maneira mais efetiva, no período operatório concreto, com seu ingresso no primeiro grau, cremos importante ressaltar alguns fatores relacionados, principalmente, com a importância dada ao ensino de linguagem (português) e matemática. A partir da primeira série a criança será exposta à aprendizagem de regras gramaticais e matemáticas que incluirão definições como sujeito, predicado, pronome, advérbio, conjunção, preposição, conjugação verbal, formação de sentenças, decomposição de sentenças, pontuação, parágrafos, períodos simples e compostos, elaboração de textos, interpretação de textos, adição, subtração, tabuada, conjuntos, multiplicação, divisão, sentenças matemáticas, resolução de problemas, expressões matemáticas, etc. Se pensarmos no conteúdo que compõe cada um desses itens veremos que se trata da formalização dos conceitos que a criança vem experimentando, descobrindo, combinando, inventando, falando sobre, processo esse que vem se desenvolvendo desde o período sensório-motor e que são fundamentais para que ocorra a aprendizagem solicitada na escola.

De grande importância, também, é salientar que, como procuramos mostrar através dos dados descritos até aqui, apesar da criança estar em uma fase onde a linguagem já se desvincula da ação, esta ainda é necessária. Para que sejam descobertas as várias possibilidades de ação, para que a criança perceba a simultaneidade entre ações, estabeleça as relações que serão traduzidas nas partículas proposicionais, tenha condições de antecipar essas mesmas ações para poder, então, levantar hipóteses (na adolescência) a criança necessita desse período de transição em que ação e linguagem ainda fazem parte desse processo, embora a grande ênfase seja dada, e cada vez mais, à linguagem. É o que acontece na escola (por exemplo, *hoje vamos conversar sobre..., como eu já expliquei ontem para vocês...*), na situação familiar (*levanta rápido que nós estamos atrasados, senão você chega tarde para a aula; eu já não tinha pedido para você guardar seus tênis?*), na brincadeira com os amigos (*agora é a minha vez de jogar / você já jogou duas vezes e assim não vale; se você chutar a bola forte você que vai buscar*).

Como podemos notar por esses exemplos tirados do cotidiano de crianças na faixa etária a que nos referimos nesse trabalho, estão explicitadas, através de expressões orais, as situações acima apontadas. A criança lida, no nível da expressão oral, com noções de tempo, espaço, causa, classificação, seriação, reversibilidade, representadas por partículas proposicionais, partículas indicativas de modo, número e tempo verbais, estabelecimento de regras. São todos fatores que apontam em direção à evolução dessa fase onde, próximo aos dez anos, já notamos que a criança compreende e se delicia com anedotas onde se utiliza o duplo sentido de vocábulos e expressões orais, que ela mesma usa de frases onde expressa o sentido contrário daquilo que desejaria e o faz através de ironia: *como J. é esperto!* Com onze/doze anos a criança faz trocadilhos e já tem condições de compreender certas regras matemáticas traduzidas em estruturas frasais, além de conseguir explicá-las, como, por exemplo: *eu não vou não querer tomar sorvete*, isto é, uma negação somada a outra negação resulta em uma afirmação.

4. OBSERVAÇÃO DA EVOLUÇÃO DA LINGUAGEM ORAL

A compreensão desses dados, aos quais nos referimos até o momento, aliada à observação cuidadosa da criança em sala de aula, de sua produção nas tarefas solicitadas, nas brincadeiras e jogos realizados com a orientação do professor e nas atividades livres com a participação de colegas, tornará possível a identificação de dificuldades que possam estar presentes no processo de construção do conhecimento pela criança de sete a onze/doze anos e que muitas vezes se reflete no nível da linguagem e da expressão oral. Citamos essas variadas situações com o propósito de chamar a atenção do professor e do psicopedagogo exatamente para as diferentes participações da criança em cada uma delas. São situações em que a atenção solicitada e dirigida às tarefas, a tensão existente, o grau de autonomia e possibilidade de decisão, o nível de liberdade na relação entre os sujeitos (*professor-aluno, aluno-aluno*), o interesse ou a obrigação na realização, trazem grandes modificações.

Quais seriam, então, os fatos que podem levar o profissional da área da educação, que está trabalhando mais diretamente com a criança entre sete e onze/doze anos, a questionar seu desenvolvimento adequado com relação à linguagem e, assim, verificar a necessidade de uma intervenção, seja em nível de orientação ou de trabalho terapêutico? Podemos estar sintetizando essas questões em cinco grandes áreas:

4.1. Quanto à produção articulatória: aos sete anos de idade a criança já tem plenas condições de produzir adequadamente todos os fonemas de nossa língua (o que aliás já deveria estar fazendo desde os quatro anos aproximadamente), nas mais diversas combinações, mesmo que resultem em vocábulos considerados "difíceis", seja por proximidade de traços semelhantes *(salsicha)*, por grandes diferenças nos movimentos articulatórios *(problema)*, ou ainda pela extensão *(liquidificador)*. O que se pode notar, muitas vezes, é que em uma estrutura frasal mais longa um vocábulo de articulação mais trabalhosa acaba tendo sua produção contaminada, mas a criança consegue identificar adequadamente o "erro" cometido. Mas existe uma questão que merece destaque: é a presença do ensurdecimento de certos fonemas sonoros, nem sempre totalmente percebidos na expressão oral, devido o próprio ritmo de fala da criança e a atenção que é voltada para o contexto de suas emissões, e que pode, eventualmente, estar interferindo na produção escrita. Assim, a permanência em certas dificuldades na distinção dos grafemas *f/v (faca/vaca)*, *s/ç (casa/caça)*, *b/p (bode/pode)*, *c/g (cato/gato)*, *t/d (tato/dado)*, por exemplo, pensando-se do ponto de vista da discriminação auditiva, deve ser investigada com atenção.

É importante salientar que não existe uma relação direta de causa-efeito entre esses dois fatores apontados. Muitas vezes a criança pode apresentar dificuldades a nível articulatório que não necessariamente se refletirão na escrita e vice-versa.

4.2. Quanto à estrutura frasal e organização do pensamento: ao chegar na primeira série a criança já estrutura frases completas e coordenadas, ordenando adequadamente seus componentes, utilizando-se de partículas interrogativas, preposições, flexões de gênero e número nominais e de número, tempo (presente, passado e futuro imediatos) e pessoas verbais (primeira e terceira). Ela se utiliza de tais construções para descrever fatos, contar situações vividas e estórias, solicitar e dar explicações. A partir do momento em que consegue lidar com os símbolos da escrita, isto é, que a associação fonema-grafema se completa e coordena os grafemas de modo a constituir palavras, as habilidades acima descritas, que são realizadas oralmente, têm condição de o ser através da escrita.

No início suas sentenças escritas estarão diretamente relacionadas à sua expressão oral, isto é, ela irá escrever exatamente o que falaria. Com as habilidades desenvolvidas e trabalhadas com relação à leitura, à aquisição de regras gramaticais, estilo narrativo, a criança terá condição de constituir sua linguagem escrita, traduzindo para essa forma de comunicação o que seria sua expressão oral. É exatamente essa evolução que se observa durante o transcorrer do período operatório concreto.

Gostaria de chamar a atenção para um fato importante relacionado com essa questão. Não necessariamente a criança que faz uso de estruturas frasais completas e corretas e aplica adequadamente as regras gramaticais, possui uma adequada compreensão dessas regras e das operações que lhe são a base. Muito da aprendizagem formal é feito por memorização, que é importante, facilita as aquisições, mas não leva à compreensão das relações. E esse é o ponto fundamental para que a criança consiga lidar com sucesso com símbolos gráficos e matemáticos.

4.3. Quanto ao uso das partículas proposicionais: como já foi referido anteriormente, as partículas proposicionais estarão traduzindo as operações e as relações compreendidas pela criança. É importante lembrar que, anterior ao uso na expressão oral, deve haver o entendimento de seu significado e que nessa fase esse fato é demonstrado não somente através das ações como também da interpretação de estruturas frasais escritas e lidas, o que mais facilmente deve ocorrer por volta dos dez anos.

4.4. Quanto à relação comunicação oral/comunicação escrita: até o momento apontamos questões que poderiam influenciar a habilidade com a comunicação escrita partindo da oral. É importante, agora, salientar alguns pontos tomando o caminho inverso. É possível que a criança, por dificuldades apresentadas na compreensão do processo de alfabetização, acabe por se mostrar "inábil" ao lidar com os símbolos gráficos, ao relacionar as regras gramaticais, ao interpretar as partículas proposicionais, ao organizar as ideias de um texto para classificar conteúdos de informação (ideia central e ideias secundárias). A criança que não realiza adequadamente a decodificação dos símbolos, que não consegue interpretar a pontuação e adequar o ritmo das sentenças, terá grande dificuldade em entender o que está escrito. Tal fato vem a ser de grande importância ao necessitar tirar informações de textos de ciências, estudos sociais e mesmo matemática, como irá ocorrer, com maior frequência, quando estiver próxima dos dez anos.

Todos esses fatos estão presentes, por exemplo, quando for resolver um problema onde a mãe tem que dividir entre seus três filhos a meia dúzia de peras, as três maçãs e o triplo dessa quantidade de bananas que comprou na feira. O importante não é saber que contas terá que fazer, mas o que essas contas representam e que relação terão com o enunciado do problema.

4.5. Quanto ao "significado" para a linguagem oral e a linguagem escrita: poderíamos dizer que há um ponto em comum muito importante com relação à aprendizagem na linguagem oral e na linguagem escrita. A criança expressará oralmente aquilo que tiver significado para ela. Da mesma forma, tanto a leitura quanto a escrita devem ser significativas para que haja compreensão. E isso ocorrerá a partir das situações vivenciadas e do vocabulário de seu cotidiano. Nesse sentido, Pain (1985) afirma que "a aprendizagem será tanto mais rápida quanto maior seja a necessidade do sujeito, pois a urgência da compensação dará mais relevância ao recurso encontrado para superá-la" (p. 23), o que é válido para ambas as formas de comunicação a que nos referimos.

5. COMUNICAÇÃO ORAL E COMUNICAÇÃO ESCRITA

Refletindo sobre a questão da linguagem na criança de sete a onze/doze anos, no processo de construção pelo qual passa até chegar a essa fase, na relação da linguagem oral com a linguagem escrita, cujo ensino formal estará sendo iniciado a partir desse período e na relação entre os profissionais atuantes nessas áreas, isto é, o professor, o psicopedagogo e o fonoaudiólogo, gostaríamos de chamar a atenção para algumas considerações que abarcam tais questões. Encontramos suporte para esses fatos em Wadsworth (1989), cujo trabalho é justamente estar dando os subsídios necessários da epistemologia genética para a prática do professor e que nós aliamos à questão da linguagem.

5.1. A validade de se ensinar, apenas, regras verbais deve ser questionada. O conhecimento, a aprendizagem tem sua gênese na ação. É com a compreensão que se justifica o ensino formal de sentenças (regras, fórmulas, definições) que definam situações. Dessa forma a criança terá condições de, com a linguagem que possui, construir suas próprias definições. O professor tem o papel de auxiliar, de ampliar, de complementar. É importante que a criança siga seu pensamento até o fim para então falar sobre ele.

5.2. Uma boa maneira de auxiliar a criança, e mesmo de observar o uso que faz da linguagem, é oferecer questões ligadas à situação de modo que ela mesma se organize na expressão de suas ideias e tenha a chance de perceber o caminho que está percorrendo para solucionar seus problemas. Tais questionamentos devem ter a preocupação maior de suscitar dúvidas do que de oferecer soluções. É na busca dessas soluções que a criança mostra as possibilidades que tem de lidar com a linguagem.

5.3. A "surpresa" é um elemento-chave no desenvolvimento cognitivo, uma vez que contém um elemento cognitivo de previsão ou expectativa que não é confirmado a respeito de coisas "conhecidas". Do ponto de vista da epistemologia genética a surpresa pode ser definida como parte de um acontecimento desequilibrador que leva a tentativas de assimilação e acomodação no acontecimento. Inhelder, Sinclair e Bovet (1974) enfatizam o uso do elemento surpresa afirmando que "pode ser introduzido nos procedimentos de treinamento em situações mais variadas e em sucessões mais rápidas do que a criança tende a encontrar nas suas ocupações mais usuais" (p. 267). Tais observações são válidas tanto ao considerarmos o processo de construção da linguagem oral quanto da escrita.

5.4. É importante lembrar que o conhecimento se constitui a partir de dois tipos de experiências: a física e a lógico-matemática. O conhecimento físico é proporcionado pelas ações sobre os objetos, o que possibilita a assimilação de suas qualidades. A criança aprende o que é mole e o que é duro manipulando objetos moles e duros. O conhecimento lógico-matemático consiste na compreensão das relações existentes entre os objetos e a criança irá estabelecer essas relações através de suas ações sobre os objetos: o número não é uma propriedade dos objetos, mas um produto das ações da criança sobre coleções de objetos. Somente após tais experiências a criança poderá usar palavras e estruturas frasais para se referir às qualidades e às relações. Somente após esse processo, portanto, ela poderá escrever e ler sobre as qualidades e relações, com compreensão dessa comunicação escrita.

A fase a qual nos referimos nesse livro é justamente voltada a essas descobertas. A formalização dessas descobertas através da comunicação escrita é iniciada a partir do período operatório concreto, mas deve sê-lo de maneira gradual e discernida. Somente na adolescência, depois de ter passado por experiências físicas e lógico-temáticas, é que o indivíduo tem condição de ler, escrever e também compreender o que leu e o que escreveu.

5.5. Da mesma maneira que ainda entre sete e onze/doze anos a experiência é de extrema importância, o "erro" também o é. O conhecimento progride, gradativamente, de um estado menos correto para um mais correto. É o que acontece com a criança desde o início de seu desenvolvimento. Primeiro a criança irá dizer *eu comi a maçã, eu dormi na cama* para generalizar a regra que ela mesma descobre e dizer *eu fazi isso*. Percebendo que existem outras excessões *(eu pus, eu fui)* acaba por usar corretamente *eu fiz*. Nesse processo entram em jogo a atenção, a imitação, a surpresa, a significação da situação. Esse caminho é válido também para as descobertas das regras da linguagem escrita e matemática.

O "erro" só poderá ser considerado com importância na construção do conhecimento (mesmo do conhecimento formal) desde que seja visto como parte desse processo e sua compreensão levará à adequação da "correção", consequentemente. Kamil (1973) afirma que "o motivo pelo qual é importante permitir que a criança passe de um estágio de erro para outro é porque as noções "erradas" geralmente contêm uma certa quantidade de exatidão" (p. 226). Nesse sentido, é importante salientar que o "erro", na realidade, é o não desenvolvimento completo das noções. Essa questão é vital ao considerarmos a expressão oral. Cada vez que a criança reformula suas noções, que descobre novas qualidades e relações para completar suas aquisições, a linguagem também se desenvolve: ela irá acompanhar as novas descobertas, é necessário perguntar sobre e explicar as novas situações. A partir dos sete anos, principalmente dos nove/dez anos, a linguagem escrita também começa a sofrer grandes modificações nesse círculo: ação, expressão oral e expressão escrita se alimentando no processo de desenvolvimento.

6. CONSIDERAÇÕES FINAIS

Após analisar todos os pontos levantados nesse capítulo cremos que uma questão se destaca. Durante o período operatório concreto, ao levarmos em conta a questão da linguagem para ser observada e avaliada, tanto pelo professor quanto pelo psicopedagogo, é importante que todo o processo de sua construção, pelo qual a criança passa desde o nascimento, seja considerado da mesma forma que sua relação com a linguagem escrita. Em nosso trabalho anterior (LIMONGI, 1994) traçamos o caminho percorrido pela criança, de zero a seis anos, partindo da ação para chegar à expressão oral. No presente trabalho nos detivemos a estudar como a criança seguirá sua evolução na comunicação oral, a partir da fase em que há condições de independência entre linguagem e ação e que consegue lidar com as operações básicas decorrentes das noções de tempo, espaço, causa, classificação e seriação.

Como ficou claramente exposto, a partir dos sete anos ocorre uma grande preocupação com a educação formal, embora ela já venha sendo desenvolvida desde a pré-escola (principalmente em nível de pré-primário, por volta dos seis anos) cabendo ao professor uma tarefa de fundamental importância: acompanhar o desenvolvimento dessa criança *favorecendo* as condições fundamentais de construção do conhecimento a nível operatório concreto, de maneira a prepará-la para iniciar, próximo da adolescência, o período das operações formais. Damos ênfase à palavra *favorecendo* uma vez que cremos que é a criança que constrói seu conhecimento, de acordo com as oportunidades que lhe são oferecidas (claro que estão consideradas as condições funcionais da própria criança), e que serão cada vez mais ricas de acordo com o preparo do professor que lida com ela, no sentido de *compreender* esse processo de construção. E é seguindo essa mesma linha de atuação, onde a observação ativa da criança é uma das formas mais produtivas de detecção da evolução nesse processo, que tanto o professor quanto o psicopedagogo contam com o auxílio do fonoaudiólogo no acompanhamento das questões ligadas à linguagem.

REFERÊNCIAS

INHELDER, B.; PIAGET, J. *Da lógica da criança à lógica do adolescente*. São Paulo: Livraria Pioneira Editora, 1976, [Edição original de 1970].

INHELDER, B; SINCLAIR, H; BOVET, M. *Learning and the development of cognition*. Cambridge: Harvard University Press, 1974.

KAMIL, C. "Piaget's Interactionism and the process of teaching young children". In: SCHWEBEL & RAPH, J. (orgs.) *Piaget in the Classroom.* Nova York: Basic, 1973.

LIMONGI, S.C.O. "Da ação à expressão oral: subsídios para avaliação da linguagem pelo psicopedagogo". In: OLIVEIRA, Vera Barros de & BOSSA, Nadia A. (orgs.). *Avaliação psicopedagógica da criança de zero a seis anos.* Petrópolis: Vozes, 1994.

_____. "Considerações sobre paralisia cerebral e estimulação de linguagem". *Temas sobre desenvolvimento.* Ano 2, n. 8, 16-18, 1992.

PAIN, S. *Diagnóstico e tratamento dos problemas de aprendizagem.* Porto Alegre: Artes Médicas, 1985.

PIAGET, J. *A formação do símbolo na criança.* Rio de Janeiro: Zahar Editores, 1978 [Edição original de 1946].

PIAGET, J.; INHELDER, B. *Gênese das estruturas lógicas elementares.* Rio de Janeiro: Zahar Editores, 1971 [Edição original de 1959].

WADSWORTH, B.J. *Piaget para o professor da pré-escola e primeiro grau.* São Paulo: Livraria Pioneira Editora, 1989.

capítulo IV

Elsa L.G. Antunha

Avaliação
neuropsicológica
dos sete aos
onze anos

Professora doutora Elsa Lima Gonçalves Antunha*

O período que vai dos sete aos onze, ou, para alguns autores, dos seis aos doze, ou treze anos de idade, marca, na vida dos humanos, um já riquíssimo desenvolvimento do sistema nervoso, paralelo a um crescente aprimoramento das funções mentais emergentes desde a mais tenra idade e que se tornam, de forma lenta e progressiva, cada vez mais complexas.

Esta fase, genericamente denominada "meninice", representa um novo e longo período de consolidação do anteriormente adquirido, bem como inaugura mais um plano no mapeamento de áreas cerebrais que fará com que a criança passe das operações mentais mais concretas e primitivas, típicas do anterior período pré-operatório, de acordo com Piaget, ao uso mais aperfeiçoado da lógica indutiva à aquisição de instrumentos acadêmicos muito complexos como a leitura, a escrita, o cálculo, a um refinamento da linguagem, a uma profunda alteração no intercâmbio social e, principalmente, no fortalecimento de seu papel sexual.

Este período, ainda segundo Piaget, é antecedido de dois outros:

1) o primeiro, que vai do nascimento até os dois anos, denominado período da inteligência sensóriomotora, anterior à linguagem e ao pensamento;

---

[*] Professora titular do Instituto de Psicologia da USP; membro titular da Academia Paulista de Psicologia; Fellow Member of the IARLD – *International Academy for Research in Learning Disabilities*.

2) o segundo, o pré-operatório, vai até os seis anos, no qual se verifica um grande progresso graças à linguagem e ao pensamento;

3) ao terceiro período, das operações concretas, de que tratarei neste capítulo, e que se estende até os doze ou treze anos, sucede-se o último, o das operações formais, o qual caracteriza a adolescência e marca também o padrão de vida mental do adulto.

Voltando à "meninice", devemos lembrar outras caracterizações desta fase das quais cumpre salientar as derivadas do pensamento de Wallon, bem como as de inspiração psicanalítica.

A evolução do bebê ao ser adulto pode ser analisada sob múltiplos aspectos, pois a complexidade do sistema nervoso vai ditando comportamentos extremamente diferenciados que às vezes representam uma harmônica linha de continuidade, outras assemelham-se a saltos dialéticos representando rupturas qualitativas com as estruturações anteriores.

Freud salienta, na fase da meninice ou, pelo menos no seu início, por volta dos sete anos, o período de "latência", em que alguns sistemas defensivos do ego encontram forte expressão:

A *sublimação*, que representa a canalização de energia sexual para atividades intelectuais ou esportivas.

A *projeção*, uma forma aceitável de tratar seus próprios pensamentos, atribuindo-os a outros.

A *formação reativa*, dizer o oposto de que realmente sente, o que dá lugar a uma verdadeira redistribuição das energias pulsionais.

O *recalcamento* das pulsões sexuais, propiciando um terreno neutro, não conflitivo, que favorece aquisições educativas e desenvolve interesses cognitivos.

Wallon, por sua vez, destaca o início da escolaridade, por volta dos seis anos, que permite à criança encontrar tanto os meios intelectuais quanto a ocasião de se individualizar de forma nítida.

De fato, relativamente às propostas piagetianas e psicanalíticas sobre o desenvolvimento do ego, na fase da meninice, já podemos apreciar alguns progressos:

Quanto à realidade: maior adaptação decorrente da acuidade perceptiva, orientação no tempo e no espaço, julgamento mais isento e mais neutro em relação a si.

Quanto à regulação e ao controle dos impulsos: maior tolerância a frustrações, capacidade de empreender comportamentos de "détour", usando de subterfúgios, rodeios, sutilezas.

Quanto às relações objetais: maior constância objetal e relações objetais mais satisfatórias.

Quanto aos processos de pensamento: maior seletividade, habilidade de evitar contaminação do pensamento, boa memória, capacidade de manter atenção concentrada.

A que correspondem, do ponto de vista orgânico, todas as evoluções ocorridas no plano psíquico, nesta fase das crianças?

Que mecanismos cerebrais subjazem ao aprimoramento perceptivo, nesta fase, que permitem à criança o teste da realidade, uma melhor orientação no tempo e no espaço e, em relação a si, um julgamento mais neutro, menos subjetivo?

Enfim, qual a base biológica da aprendizagem e da individuação?

A resposta a esta questão não é fácil quando falamos sobre humanos em que percepção e memória, fala e pensamento, movimento e ação constituem-se em organizações funcionais ligadas a complexos sistemas do cérebro.

Alguns parâmetros sobre a organização do sistema nervoso e do cérebro, em particular, devem ser discutidos inicialmente e esta já é uma dificuldade, pois é difícil escolher por onde começar. O cérebro, produto de uma longa filogênese e, por sua vez, demorada ontogênese, representa o órgão mais complexo do universo. Assim, encará-lo sob um prisma particular, leva necessariamente a uma visão incompleta; mas não dispomos ainda de recursos mentais para descrevê-lo em uma só penada, conseguindo traduzir toda a sincronicidade, bem como a instantaneidade de suas operações.

Resta-nos o recurso de descrever cada um destes aspectos, deixando ao leitor a tarefa de compor este quebra-cabeça.

Inicialmente relembraremos a teoria de Luria sobre a organização do cérebro, através de sua proposta dos três blocos funcionais.

O primeiro bloco, compreendendo o tronco cerebral e o rombencéfalo, é responsável pela regulação e manutenção do tono cortical, da energia, da mais elementar forma de atenção – o estado generalizado de atenção, da vigília e do sono. Ele garante, pois, e sustenta o estado funcional do cérebro. Essas estruturas ligam-se ao sistema reticular que, por sua vez, sob forma ascendente ou descendente, conectam-se com o tálamo, primeira estação da consciência, ao arquicórtex e às estruturas neocorticais.

Esta área pode ser considerada como pré-requisito para a existência de atividade intelectual e também para a iniciação do fluxo de impulsos eferentes que produzem a ação planejada do homem consciente.

Garantido este estado de vigília e de atenção generalizada, está o cérebro capaz de acionar os sistemas que permitem que as informações provindas da realidade externa sejam recebidas, analisadas, armazenadas e reutilizadas. Há aqui ainda uma íntima participação do hipotálamo, do tálamo, do corpo caloso, do mesencéfalo, do cerebelo, sendo todas estas regiões relacionadas às funções básicas do cérebro: função tônica, motivação, função glandular, coordenação motora, processos metabólicos. Distúrbios do sistema reticular podem levar a criança a apresentar um estado constante de fadiga, sonolência, baixo tono e estado acinético, distúrbio de consciência, perturbação da função mnêmica não específica, bem como da atenção generalizada. As dificuldades da criança, neste caso, não se relacionam a funções de ordem intelectual ou psicomotora, diretamente, mas à incapacidade de mobilizar e potencializar estas funções, ainda que íntegras.

A criança normal, ao contrário, no período de meninice, mantém-se alerta, inclusive recusa-se muito a dormir porque quer aproveitar todos os momentos da vida, tem grande motivação para as atividades esportivas e mantém-se muito interessada por situações de aprendizagem, ávida de conhecer o mundo, na idade dos "porquês".

O segundo bloco, proposto por Luria, compreende a região posterior do cérebro, que inclui os lobos occipital, temporal e parietal, onde se situa o córtex somestésico.

Esta região vincula-se à chegada de estímulos do próprio corpo e do mundo exterior: através da visão, da audição, do tato, estas áreas cerebrais analisam, codificam e armazenam as informações. Não só a exterocepção, isto é, a análise de estímulos provindos da realidade externa, mas a propriocepção, ou análise das informações provindas do interior do corpo (músculos, tendões e articulações), bem como das vísceras (viscerocepção), efetuam-se através destas estruturas encarregadas do trato de todo tipo de estímulo que possa chegar ao cérebro. Através de três planos de processamento cada analisador seleciona, identifica, distribui as suas próprias informações, quer visuais, auditivas ou táctil-cinestésicas. A partir daí, codificando-as e conservando-as em zonas secundárias, passa então a combiná-las, através de zonas terciárias, realizando um trabalho de associação, integração e síntese.

De um ponto de vista, digamos, comportamental e, citando exemplos de atividade escolar, podemos falar aqui em percepção auditiva, percepção visual, ou então em coordenação audiovisual, ou até mesmo em coordenação viso-cinestésica que resulta da informação recolhida a partir da combinação de uma tarefa em que visão e movimento da mão estejam envolvidos. É o caso da escrita, por exemplo: para regular o comportamento gráfico é preciso orientar-se pela visão e ao mesmo tempo pelo controle dos movimentos da mão, dos dedos e do antebraço. É um esforço conjugado, através do qual, a partir das informações enviadas ao cérebro, pelo segmento corporal, estabelece-se a continuidade das ações.

Que ocorre no interior do cérebro no momento em que todas estas atividades estão se processando? Apesar da enorme simultaneidade, instantaneidade e sincronicidade, como frisei, do processamento das informações, o fato é que cada neurônio, de per si, está desempenhando individualmente sua função.

No cérebro humano um neurônio típico coleta sinais de outros através de uma grande quantidade de finas estruturas chamadas dendritos. O neurônio emite spikes, ou potenciais de ação, de atividade elétrica, através de uma fibra longa e delgada conhecida como axônio, que se divide, por sua vez, em milhares de ramos ou terminações: as ramificações dendítricas. Na extremidade de cada ramo uma estrutura denominada sinapse converte a atividade proveniente do axônio em efeitos elétricos que inibem ou excitam a atividade dos neurônios conectados. Quando um neurônio recebe um input excitatório, que é suficientemente abundante comparado com seu input inibitório, ele transmite um potencial de atividade elétrica ao longo de seu axônio. A aprendizagem ocorre pela mudança da eficácia das sinapses de sorte que a influência de um neurônio sobre o outro se altera.

Um neurônio que tenha sido excitado transmite a informação recebida a outros neurônios gerando impulsos conhecidos como potenciais de ação. Estes sinais propagam-se como ondas por toda a extensão do axônio da célula individual e convertem-se em sinais químicos nas sinapses, pontos de contato entre os neurônios.

Através desta ligeira explicação sobre a atividade neuronal podemos compreender, em parte, quais mecanismos, agindo na intimidade da célula nervosa, são responsáveis por nossa vida mental. Fenômenos de ordem bioquímica, biofísica, bioelétrica, biomecânica, combinam-se para o que poderíamos chamar de transdução dos dados da realidade externa em vida mental, em atividade neuronal, isto é, conversão de modalidades ou campos energéticos do mundo externo em energia mental ou representação mental: tudo isto se resume na atividade codificadora do cérebro, através da qual os humanos constroem a linguagem, a cultura, o símbolo.

Continuando a explanação sobre os planos funcionais de Luria, vamos descrever o terceito bloco. Ele envolve o lobo frontal, isto é, o cérebro anterior, relaciona-se à formação das intenções e dos programas para os quais vale-se das associações provindas e já armazenadas dos vários analisadores já descritos acima.

É oportuno lembrar que a atividade do primeiro bloco, o da ativação do cérebro, tem uma importância decisiva sobre este plano de organização frontal que vou descrever, pois não há ação ou plano de ação sem que o sistema de vigília, de alerta generalizada e todo o plano metabólico proporcionem ao córtex um certo grau de tonacidade.

Este terceiro bloco funcional de Luria relaciona-se à planificação, à programação do comportamento. Este polo anterior do cérebro, o frontal, ao contrário do cérebro posterior, incumbe-se da execução, do desempenho. Suas funções são, pois, expressivas e não receptivas. São principalmente as áreas mais anteriores do lobo frontal, as chamadas pré-frontais, que se incumbem da planificação da conduta em seu sentido mais amplo, enquanto que as restantes regiões do córtex exercem funções sensoriais e motoras. As planificações pré-frontais enviam seus programas de ação às áreas motoras. A maior parte da atividade consciente da área pré-frontal, em condições de repouso e vigília, refere-se a pensamentos internos, particularmente a reflexões sobre a própria situação atual e suas relações com acontecimentos passados e futuros. Daí se conclui que o cérebro consciente e em repouso dedica-se predominantemente à simulação do comportamento.

Por esta simples descrição, inúmeras conclusões podem ser tiradas relativamente à emergência das funções pré-frontais e às mudanças no comportamento da criança.

Se lembrarmos, como assinala Luria, que as funções frontais, bem como a encruzilhada têmporo-paríeto-occipital, desempenham o papel mais importante na elaboração das funções superiores e, se a isto ajuntarmos a informação de que a velocidade do aumento das regiões pré-frontais do cérebro cresce acentuadamente na idade de três e meio a quatro anos e que a isto se segue um segundo salto em torno da idade de sete a oito anos, podemos estabelecer com muita segurança a base neuropsicológica do grande desenvolvimento mental encontrado na meninice.

Um ponto a ser salientado é a riqueza de conexões neuronais que existe entre a região pré-frontal e outras áreas do cérebro. Estas conexões são bidirecionais, aferentes e eferentes, isto é, pertencem a circuitos que se dirigem ao cérebro, ou, ao contrário, partem do cérebro. As conexões mais importantes se fazem com o tronco cerebral em suas partes superiores, bem como com as estruturas talâmicas.

Vou citar algumas atividades informais que podem dar grandes indicações quanto ao funcionamento do sistema nervoso.

1) Desenhos.

2) Cópia de figuras geométricas.

3) Reprodução de figuras geométricas de memória.

4) Trabalho com argila, ou escultura, gravação em madeira.

5) Construção de cenas: zoológico, jardins.

6) Recortes de figuras.

7) Quebra-cabeças com cubos.

8) Escrita.

9) Montagem de peças.

10) Encaixe de peças.

Todas estas atividades são de ordem prática, sendo assim relacionadas a um aspecto do comportamento motor conhecido como praxia construtiva que envolve não só áreas posteriores do cérebro: parieto-occipitais, mas também as áreas frontais. Nestas provas deve haver uma boa programação, assim como organizações sequenciais. Estas provas têm muito a ver com funções do hemisfério direito devido às exigências viso-espaciais, mas exigem também uma certa abstração.

Relativamente às gnosias visuais algumas provas podem ser administradas (occípito-parietais).

- fazer triagens de objetos.
- desenhar uma planta da escola ou do quarto de dormir.
- identificar figuras das mais simples às mais complexas, com figura-fundo, etc.
- copiar figuras geométricas de dificuldade crescente.
- quebra-cabeça.
- reconhecimento de cores.
- reconhecimento de fisionomias.

Provas de natureza auditiva (temporal)

- cantar.
- reproduzir ritmos.
- compreender palavras, orações, estruturas lógico-gramaticais.

Há muitas histórias ou fábulas que representam um excelente recurso diagnóstico. As conhecidas fábulas: "A raposa e as uvas", "A galinha dos ovos de ouro", "A lebre e a tartaruga" e tantas outras, permitem analisar o nível simbólico-conceitual em que a criança se encontra. Em suas provas para adultos, Luria inclui a interpretação desse tipo de fábulas, bem como de provérbios, na investigação sobre os processos intelectuais e, na medida em que o sujeito apenas descreva as conexões diretamente percebidas sem conseguir explicar as relações e coerências lógicas, pode-se suspeitar de defeitos orgânicos generalizados do cérebro que causam deterioração intelectual (oligofrenia, processos demenciais). O mesmo vale para interpretação de gravuras. Na fase dos sete aos onze anos, a criança tem um bom desenvolvimento no sentido de começar a compreender o que está além do texto: conteúdos morais, expressos nas entrelinhas, subterfúgios, artimanhas, estratégias, mentiras, omissões e desvios da verdade, tudo isto está contido na literatura que as crianças apreciam neste período. O papel da metáfora é o denominador comum destas atividades.

Enfim, excluídas as situações mais formais em que o exame neuropsicológico é realizado por especialistas, todos os outros profissionais, inclusive o professor de classe, tem muita oportunidade de informalmente analisar o desempenho acadêmico das crianças, sob o prisma da neuropsicologia. Conhecer como o cérebro funciona, suas leis, sua organização, sua conectividade, suas estruturas practognósicas, bem como as áreas da linguagem, pode ajudar muito na detecção e no despistamento de dificuldades de aprendizagem. Assim muitos problemas de aprendizagem poderão ser compreendidos de forma mais consciente pelo professor e consequentemente as estratégias adotadas para superá-las serão mais diretas e eficientes.

Quem presencia em primeira instância um quadro de dislexia visual, ou dislexia auditiva, ou de dispraxia construtiva? É o professor na sala de aula que tem em suas mãos, diariamente, crianças que ostentam todos estes sintomas.

Desde o jardim de infância ele já pode notar distúrbios perceptivos: auditivos ou visuais, distúrbios da fala receptiva ou expressiva, da memória, do comportamento práxico e mesmo das funções motoras.

Os cadernos escolares são a mais pura e direta oportunidade para o diagnóstico informal. Na medida em que o professor souber correlacionar os dados da produção escolar da criança com as teorias sobre a organização cerebral ele terá maiores oportunidades de evitar que esse aluno seja reprovado, ou, mesmo, que tenha que ser encaminhado a consultórios especializados. Uma grande quantidade de problemas escolares poderia ser resolvida em sala de aula se os referenciais neuropsicológicos estivessem mais presentes na formação do educador.

Há um ponto, ainda, de capital importância nesta fase escolar da alfabetização e dos anos que se seguem: a *mielinização* do sistema nervoso, que se constitui em um fato de enorme repercussão no processo de amadurecimento das vias nervosas.

A mielinização é um processo pelo qual a mielina, uma substância gordurosa, cerca os axônios, atuando como elemento isolante, favorecendo a velocidade e a precisão na transmissão da mensagem.

Inicia-se já no quarto mês de vida intrauterina, sendo que o grosso da mielinização se verifica aos doze meses de vida extrauterina.

Algumas estruturas nervosas prolongam sua mielinização até o sétimo ano, principalmente aquelas relacionadas com o desenvolvimento da formação reticular, das radiações talâmicas não específicas, das grandes comissuras cerebrais, das conexões intracorticais e das áreas de associação. Há numerosos estudos que mostram uma correspondência entre as fases do desenvolvimento da comunicação pela fala com a mielinização de sistemas aferentes e eferentes. A fase da lalação, por exemplo, tem como correspondente aferente a mielinização das vias acústicas subcorticais, enquanto que a ecolalia correlaciona-se com a mielinização de vias acústicas genículo-corticais (temporais).

As evoluções dos sistemas fonético-fonêmico e morfológico-sintático estão, por sua vez, correlacionadas à mielinização do sistema motor córtico-nuclear, dos feixes de associação intra-hemisféricos e intracorticais. O desenvolvimento estrutural das organizações do cérebro, através da mielinização, liga-se muito profundamente ao aumento do vocabulário, na criança, mas a fase de maior riqueza, a da aquisição da leitura e da escrita ortográfica, corresponde ao aperfeiçoamento da mielinização dos circuitos elaborados à custa dos feixes de associação intra-hemisféricos, especialmente na região do giro angular, o que ocorre por volta dos seis anos. O giro angular, área 39 do mapeamento de Brodmann, encarrega-se do reconhecimento e da recordação dos símbolos visuais, das letras, sílabas e das palavras; além disso, contém a memória dos padrões dos símbolos escritos, sendo, portanto, uma área fundamental para a alfabetização. Suas conexões também se dão com a área 19 (área de armazenamento da memória visual) e com os padrões de associação que a unem à área sensorial auditiva.

Este processo de mielinização prolonga-se até a vida adulta e à custa dele, a partir dos 10 anos, há um crescente aumento de vocabulário, a leitura se torna mais fluente, o grafismo se regulariza, a escrita, de fonética se torna ortográfica e desenvolve-se uma maior capacidade para compreender e produzir palavras e orações com sentido.

No jardim de infância o interesse principal da educação é o desenvolvimento das funções sensório-motoras, não verbais e a fala. Com a alfabetização, o foco de interesse do educador amplia-se, pois as funções sensório-motoras, que devem estar bem desenvolvidas, passarão a servir de suporte para a aquisição de novos códigos: leitura e escrita, que representarão não só as experiências, as vivências da criança, como também a sua fala. Esta fase deve contar com um profundo amadurecimento das associações têmporo-paríeto-occipitais, bem como das programações e desempenhos, isto é, regiões frontais e pré-frontais, além do córtex somestésico-motor. A alfabetização, além do cálculo, impõe à criança árduas tarefas cerebrais: codificar através de símbolos gráficos as experiências não verbais do seu cotidiano, bem como a sua linguagem falada. Estas, que em grande parte representam funções que se distribuem igualmente pelos hemisférios direito e esquerdo, devem contar com a emergente especialização do hemisfério esquerdo para as funções mais complexas e abstratas da linguagem.

Esta passagem para planos mais elevados de codificação, grafemas e lexemas, representam exigências que solicitarão uma reformulação das organizações anteriores.

O hemisfério direito continua incumbindo-se de algumas funções tais como a identificação da forma das letras e dos dígitos, incumbindo-se, também, dos aspectos melódicos envolvidos na leitura e com sérias implicações para a escrita e para a interpretação de textos (prosódia).

O esquerdo, por sua vez, responsabiliza-se pelo aspecto semântico, pelo significado. A área de Wernicke, da compreensão da fala, situada no hemisfério esquerdo, bem como a de Broca, da articulação da fala, situada no hemisfério esquerdo, tornam-se muito atuantes, não só no sentido das análises fonêmicas e em suas transcodificações grafêmicas, como também envolvidas no plano da interpretação.

Imaturidade no plano de conectividade neuronal impedirá a criança de compreender e realizar as traduções audiovisuais, viso-cinestésicas, tão necessárias na fase de alfabetização.

Assim deve-se lembrar também que o longo período de sete a onze anos é muito rico em mudanças não só nas reestruturações cerebrais como no aspecto tão salientado por Vigotsky, da formação social da mente. Este período representa o primeiro grande impacto da criança com o mundo da cultura. Não mais o mundo concreto, da realidade, mas agora esta realidade simbolizada, representada pelas manifestações culturais, cuja transmissão é função fundamental da escola.

Neste sentido pode-se identificar a função da escola, não só nesse momento, mas a partir daí, como a responsável pelo processamento das mais elevadas funções nervosas, pela formação do ser consciente, livre e pleno de cidadania. Cabe então novamente lembrar a importância das funções pré-frontais, as quais, a partir da utilização de informações armazenadas, organiza, à base da reflexão sobre o passado e da projeção sobre o futuro, o plano de vida, os valores, as metas, os ideais.

REFERÊNCIAS

AJURIAGUERRA, J. de. *Manuel de psychiatrie de l'enfant.* Paris: Masson, 1971, 1.023 p.

AJURIAGUERRA, J. de & MARCELLI, D. *Manual de psicopatologia infantil.* Porto Alegre: Artes Médicas/São Paulo: Masson, 1986, 454 p.

ANTUNHA, Elsa L.G. *Método neuropsicológico de alfabetização de crianças disléxicas* [Tese apresentada ao concurso de livre-docência no Instituto de Psicologia da Universidade de São Paulo, 1992].

ASCOAGA, J.E. y cols. *Las funciones cerebrales superiores y sus alteraciones en el niño y en el adulto.* Buenos Aires: Neuropsicologia Paidós, 1983.

BARBIZET, J. & DUIZABO, Ph. *Manual de neuropsicologia.* Porto Alegre: Artes Médicas/São Paulo: Masson, 1985, 164 p. [Trad. de Silvia Levy e Ruth Rissin Josef].

BORDAS, L. Barraques. *Afasias, apraxias, agnosias.* Barcelona: Ediciones Toray S.A. 1976.

CARPENTER, Malcolm, R. *Neuroanatomia Humana.* Rio de Janeiro: Editora Interamericana, 1978.

CHILDE, Gordon. *A Evolução Cultural do Homem.* Rio de Janeiro: Editora Guanabara Koogan S.A., 1965.

CHUSID, Joseph G. *Neuroanatomia Correlativa e Neurologia Funcional.* Rio de Janeiro: Guanabara Koogan, 1982.

CHRISTENSEN, Anne-Lise. *Lúria's neuropsychological investigation.* Copenhagen: Munksgaard, 1975.

COSTA, Eliana de L.R. *A análise neuropsicológica da escrita em cadernos escolares* [Tese de doutorado, Instituto de Psicologia da Universidade de São Paulo, 1992].

COWAN, W.N. *Desarrollo del cerebro.* Barcelona: Investigación y ciencia, 1979.

KOLB, Bryan & WHISHAW, Ian. Q. *Fundamentos de neuropsicologia humana.* Barcelona: Editorial Labos, S.A., 1986.

LEFEVRE, A.B. *Exame neurológico evolutivo do pré-escolar normal.* São Paulo, Sarvier, 1972.

LEFÈVRE, Beatriz H. *Neuropsicologia infantil.* São Paulo: Sarvier, 1989.

LEZAK, M.D. *Neuropsychological assessment.* Nova York: Oxford University Press, 1983.

LOCKWOOD, Michael. *Mind, Brain & The Quantum* – The Compound (I). Oxford: U.K. 1989.

LURIA, A.R. *The working brain:* an introduction to neuro-psychology. Harmondsworth: Penguin Books, 1973.

OLIVEIRA, Vera Barros de. *O símbolo e o brinquedo* – A representação da vida. Petrópolis: Vozes, 1992.

ROSE, Steven. *O Cérebro Consciente.* São Paulo: Alfa-Ômega, 1984.

capítulo V

Roxane Helena Rodrigues Rojo

Subjetividade, objetividade e cristalização cultural na produção de textos de crianças de 1º grau

*Roxane Helena Rodrigues Rojo**

Os estudos linguísticos e psicolinguísticos sobre o desenvolvimento de linguagem escrita são mais recentes e assistemáticos que a literatura psicolinguística voltada para a aquisição de linguagem oral.

Até recentemente, a aquisição de linguagem escrita não foi vista como um processo de desenvolvimento ou construção. Assim, durante décadas, o desenvolvimento de escrita foi encarado como um treinamento de habilidades viso-motoras e de transcrição do código sonoro em formas gráficas. Isto acarretou uma grande centração dos estudos no momento da alfabetização, nas questões envolvidas na correspondência fonema-grafema e nos aparatos orgânicos envolvidos na suposta transcrição desta correspondência. A escrita, aqui, era vista como um código de tradução das formas da linguagem oral em formas gráficas, que envolvia uma certa maturação e um certo treinamento dos aparatos visual, motores, auditivos envolvidos nesta nova forma.

Na última década, os estudos ferreirianos, por um lado, e trabalhos antropológicos, etnográficos e sociolinguísticos sobre o letramento, por outro, contribuíram fortemente para a modificação deste pa-

---

* Doutora em Linguística Aplicada pela PUC-SP. Professora de Psicolinguística no Curso de Fonoaudiologia da PUC e no Curso de Psicopedagogia do Instituto Sedes Sapientiae. Assessora para a área de linguagem da Escola Vera Cruz.

norama, chamando ao campo da escrita a noção de desenvolvimento, processo e construção.

Parelelamente, avançaram as pesquisas nas áreas de linguística do texto e da conversação, psicologia cognitiva, inteligência artificial e psicolinguística do processamento sobre, por um lado, as diferenças muito extensas existentes entre as modalidades oral e escrita da linguagem e, por outro, sobre as habilidades e o processamento do discurso escrito por escreventes/leitores maduros (adultos e escolarizados), primeiramente, em compreensão e, posteriormente, em produção.

Só muito recentemente (NYSTRAND, 1982; KROLL, & WELLS, 1983; MARTLEW, 1983), pesquisas sobre o processo de desenvolvimento da modalidade escrita do discurso como processo contínuo vieram à luz.

Ora, investigar quaisquer processos de desenvolvimento implica posicionamento prévio necessário sobre *o que é e como se dá* o desenvolvimento/aprendizagem e sobre o *objeto em constituição* neste processo.

A nosso ver, os trabalhos disponíveis sobre o desenvolvimento de linguagem escrita encontra-se, em sua maioria, limitados por uma visão restrita das determinações do desenvolvimento, por um lado, e por um recorte estreito do objeto escrito, por outro: não têm sido suficientemente afirmadas as determinações sociais da construção da modalidade escrita do discurso e o objeto escrito tem-se visto restrito a seus aspectos morfo-fonológicos ou sintáticos, deixando-se em segundo plano a constituição dos aspectos mais propriamente discursivos e enunciativos deste desenvolvimento.

Os trabalhos mais recentes no campo tendem a apontar para uma visão do desenvolvimento menos maturacional ou comportamental, em favor da adoção de um enfoque do desenvolvimento (linguístico, cognitivo, conceitual) como construção. No campo do desenvolvimento de escrita, os trabalhos piagetianos, cujo expoente é o trabalho de Ferreiro sobre a construção da base alfabética, favoreceram fortemente o consenso em torno desta posição.

Entretanto, as abordagens do desenvolvimento de linguagem escrita têm se confrontado quanto às raízes desta construção: a capacidade de assimilação e acomodação de conhecimentos por meio da ação ou a interação social.

Se, do ponto de vista clínico ou educacional, a visão processual (e não comportamental ou maturacional) do desenvolvimento como processo construtivo significa, por si só, um avanço na postura e no papel do clínico/educador, por outro lado, esta discordância de fundo sobre as raízes genéticas do desenvolvimento, implicará práticas clínicas/educativas bastante diferenciadas.

Os estudos que tomam por base Piaget (cf., por exemplo, FERREIRO & TEBEROSKY, 1984; FERREIRO & PALACIO, 1987; TEBEROSKY, 1991; TEBEROSKY & CARDOSO, 1991) tenderão a enfatizar o papel da ação sobre o objeto escrito; da criação do conflito como forma de desestabilização das hipóteses aproximativas que a criança faz sobre o mesmo; a regulação – pelo objeto e pelo outro – para a estabilização progressiva das hipóteses mais aproximadas ao funcionamento real da escrita alfabética.

Os estudos de caráter interacionista, tais como as pesquisas da sociolinguística interacional e da etnografia (cf., por exemplo, COOK-GUMPERZ, 1991), e os de caráter sócio-histórico (cf., por exemplo, SMOLKA, 1988; 1993), tendem a enfatizar o papel fundante e constitutivo das vozes alheias e da interação social – dos pares, do educador, do clínico – nas construções cristalizadas da cultura letrada, resgatando uma visão de aprendizagem de base interativa.

Por outro lado, no que se refere à visão do objeto escrito propriamente dito, as diferentes teorias respondem, implícita ou explicitamente, à pergunta *mas o que é a escrita afinal?* também de maneiras diversas.

Há uma unanimidade hoje, entre os diferentes construtivismos, sobre o fato de que a escrita não é mero código de transcrição da fala e sobre o fato de que seu processo de construção excede e transcende tanto aos muros escolares como à alfabetização propriamente dita, sendo um processo de letramento complexo e contínuo, abrangendo diferentes aspectos do que a modalidade escrita da linguagem envolve.

No entanto, o recorte e a ênfase sobre o que está envolvido na escrita é bastante diverso. Os trabalhos mais propriamente construtivistas caracterizam a escrita como uma forma de representação cognitiva da linguagem, especialmente no que diz respeito a seus aspectos morfo-fonológicos (letras, sílabas, palavras). Os trabalhos interacionistas e socioconstrutivistas tendem a enfocar a escrita como uma outra modalidade discursiva (enunciativa, textual), que se apresenta na forma de gêneros ou tipos discursivos secundários e cristalizados na cultura, e que se apresenta sob condições de produção diversas.

Ambas as posturas mantêm estreitas relações e discussões com a psicolinguística do processamento em compreensão e produção de textos (cf., por exemplo, GOODMAN, 1967; SMITH, 1981; SPIRO, BRUCE & BREWER, 1981; etc.) e com modelos que tentam dar conta de como o leitor/escrevente processa a linguagem escrita. Estas teorias psicolinguísticas frequentemente têm uma base forte na linguística do texto (cf. VAN DIJK & KINTSCH, 1983; JOLIBERT, 1988).

Novamente, aqui, a adoção de uma ou outra visão implicará práticas clínicas ou educativas bastante diversas, em termos de seleção de atividades e de andaimes (*scaffolding*).

De nosso ponto de vista, uma visão mais ampla do processo de constituição do discurso escrito na criança – e das possíveis rupturas e suturas neste processo que podem levar a criança ao clínico – careceria de investigações (não somente do pesquisador, mas sobretudo do educador e do clínico) sobre: a) a história da constituição social do uso desta modalidade discursiva na criança; b) das diferentes condições da produção que enformam este uso, nos diversos contextos institucionais (clínica, escola, família); c) das diferentes estruturas discursivas que, neste processo, emergem e d) dos diferentes modos e estratégias de processamento que se constituem no processo de desenvolvimento/ aprendizagem desta modalidade de linguagem.

Muitas vezes a experiência do clínico com o encaminhamento escolar, sobretudo na rede privada, de casos de crianças com "dificuldades de escrita" – embora desconheçamos pesquisas que possam comprovar com dados numéricos esta impressão – passa por uma queixa explícita da escola sobre os aspectos gráficos e normativos dos textos produzidos pelas crianças (grafia, ortografia e, no melhor dos casos, coesão) e por uma queixa difusa sobre a (baixa) qualidade discursivo-textual destas produções (*texto pobre, desorganizado, confuso...*). Raramente a queixa leva em conta leitura (compreensão), a não ser do ponto de vista da fluência. Raramente leva em conta o processamento ou as condições de produção escolar em que estes textos-produto são engendrados. Do ponto de vista da sócio-história de letramento desta criança, muitas vezes o que o clínico encontra é uma história escolar/familiar conturbada, com muitas rupturas; um meio familiar que valoriza ou utiliza pouco a escrita e uma instituição escolar que também não tende a viabilizar condições de produção de escrita minimamente adequadas à aprendizagem.

Neste sentido, sem desprezarmos os aportes que as já mencionadas pesquisas construtivistas (e outras, como CARRAHER, 1987) trouxeram à nossa compreensão do processo de construção dos aspectos gráficos e normativos da ortografia do português, cremos que a área mais obscura no tratamento escolar ou clínico das questões de escrita encontra-se em seus aspectos discursivo-enunciativos, que, quando são tratados na literatura em geral, o são como aspectos de coerência, coesão e tipologia textual – efeitos da aplicação da linguística textual – e não como uma trama enunciativa dependente das condições de produção do discurso.

Como forma de discutir em maior profundidade estes aspectos, passaremos a comentar alguns resultados de pesquisa (ROJO, 1989; 1990; 1992) sobre a construção do discurso narrativo escrito, no período imediatamente posterior ao da alfabetização (2ª a 4ª séries do 1º grau menor)[1], não só por ser um momento pouco investigado, como também, pela narrativa ser um discurso cuja constituição se dá na in-

---

1. A escola escolhida para as coletas de dados foi uma escola privada da capital de São Paulo, que atende a clientela de camada média a alta e de alto acesso cultural. Os dados compõem dois *corpora*: a) 81 textos, em sua maioria narrativos, produzidos por crianças de 2ª a 4ª séries do primeiro grau menor da referida escola (cerca de 27 por série), colhidos em situação de escrita livre; e b) 10 entrevistas retrospectivas, diferidas em 120h, com crianças pertencentes a estas séries e cujos textos fazem parte do *corpus* a, sendo três com alunos de 2ª série, três com alunos de 3ª e quatro com alunos de 4ª série, onde se investiga o grau de metacognição das crianças a respeito da superestrutura do discurso narrativo escrito e do processo de produção dos textos e a partir dos quais se inferem alguns processos internacionais de aprendizagem e enunciativos-discursivos.

teração de contextos de oralidade e de letramento, constituindo-se, assim, num lugar privilegiado para a observação do desenvolvimento de linguagem como um processo, embora complexo, contínuo. A seguir passaremos a analisar em maior detalhe alguns destes depoimentos das crianças em seus aspectos enunciativos, para, em seguida, retirarmos decorrências destas análises e resultados para as práticas clínicas de escrita.

Rojo (1989, 1990), analisando o primeiro conjunto de dados, tinha como previsão um crescimento, de acordo com o avanço da escolaridade, do subtipo narrativo (gênero) estória[2] e de um desenvolvimento da superestrutura narrativa[3], traduzido sobretudo por uma expansão do cenário e das categorias de ação, especialmente, complicação e reso-

---

2. Trabalhamos aqui com uma classificação dos subtipos narrativos que os divide em *relatos* (miméticos e históricos) e *estórias* (românticas e didáticas), conforme uma discussão dos subtipos que figuram em Perroni, 1983; e em Scholes e Kellog, 1976 (cf. ROJO, 1989). Consideramos *relatos* aquelas narrativas que mimetizam o universo empírico e cuja estrutura encontra-se na dependência das ações e eventos efetivamente ocorridos, logo, não necessariamente apresentando as relações de causalidade expressas nas categorias superestruturais complicação/resolução. Sua estrutura estaria próxima a uma lógica de ações (VON WRIGHT, 1968). Já as *estórias* teriam a filtragem e representação linguística dos acontecimentos no discurso narrativo regida por uma restrição adicional, devida às diferentes condições de produção das modalidades oral e escrita do discurso que a enformaram na filogênese: a superestrutura narrativa.

3. O conceito de *superestrutura* que adotamos é originário dos trabalhos de Van Dijk, caracterizado pelo autor como uma ... *estrutura esquemática convencional e portanto culturalmente variável, uma forma global que organiza as macroproposições* (o conteúdo global do texto – VAN DIJK & KINTSCH, 1983: 16). Interpretamos a convencionalidade apontada pelo autor no mesmo sentido das *cristalizações de esquema* de Bakhtín, 1929, que são determinadas por alterações históricas nas condições de produção e recepção dos discursos. O esquema superestrutural que adotamos para as narrativas de tipo estória é o mesmo proposto por Van Dijk, com base em Labov e Waletski, 1967, isto é, a presença de um *cenário*, de pelo menos uma *complicação* e sua consequente *resolução*, seguidos de um *desfecho* que, para nós, pode abranger *avaliação, moral, coda* e outros dispositivos de finalização narrativa, como *fórmulas*, por exemplo.

lução. Este desenvolvimento seria devido à emergência da relevância das condições de produção da narrativa escrita no processo de produção de texto dos sujeitos, determinada esta, por sua vez, pelas condições estritas de produção da modalidade escrita do discurso em contexto escolar.

Os textos foram analisados segundo: a) seu subtipo narrativo ou gênero (relato ou estória); b) as categorias superestruturais presentes e suas características de construção, por meio de análise quantitativa e classificação das proposições; c) a presença de índices pragmático-interacionais da relevância das condições de produção da escrita no processo que engendrou o produto textual; e d) o tipo de conhecimento de mundo ativado na construção da macroestrututra textual e sua suposta fonte de origem.

Os itens /a/ e /b/ foram considerados, no processamento de dados, como variáveis dependentes. As variáveis independentes foram a série e o sexo do sujeito. Foram colocados como fatores para a análise do item /c/ a presença de *fragmentos polifônicos no texto*, o modo de constituição do *personagem* e o *tipo de discurso* (direto ou indireto) que estruturava as categorias de ação. O item /d/ constitui-se num fator que foi cruzado com as variáveis dependentes.

As previsões confirmaram-se apenas parcialmente, na medida em que, de fato, verificou-se um crescimento do subtipo *estória*, mas que seria insignificante na amostra, não fosse a flagrante diferença verificada nessa amostra entre meninos e meninas. No caso dos meninos, há um grande crescimento do subtipo na 4ª série. No caso das meninas, o subtipo que se incrementa é o *relato*. Vejamos os gráficos das figuras 1 a 3:

FIGURA 1 – PERCENTUAL DOS SUBTIPOS RELATO/ESTÓRIA:

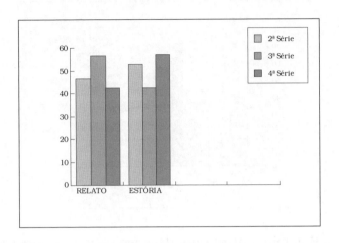

FIGURA 2 – PERCENTUAL DE RELATOS POR SEXO:

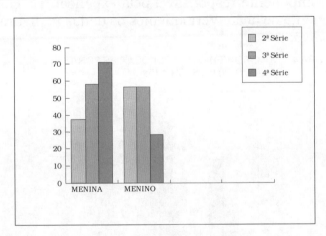

FIGURA 3 – PERCENTUAL DE ESTÓRIAS POR SEXO:

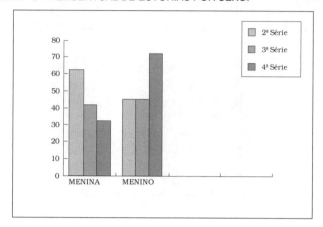

Existem, entretanto, desenvolvimentos superestruturais em todas as séries, nos dois subtipos.

Os textos dos sujeitos expandem-se consideravelmente de 2ª até 4ª séries. A expansão é menor em relatos que em estórias, mas em ambos os subtipos o componente responsável pela expansão é o componente de ação. Verifiquemos os dados na figura 4 abaixo:

FIGURA 4 – NÚMERO MÉDIO DE PROPOSIÇÕES POR TEXTO EM RELATOS (R) E ESTÓRIA (E):

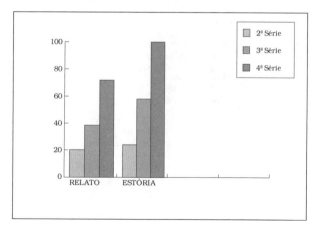

Relatos têm sempre *cenários (S)* mais expandidos que estórias, mas o cenário encontra-se presente nos textos desde a 2ª série, onde, inclusive, é mais expandido que as categorias de ação. A seguir ele sofre um processo de expansão que é, entretanto, menor que aquele do componente de ação. Sofre também um processo de diversificação de proposições, o que indica um desenvolvimento das formas de caracterização da cena que vai dos *estados de mundo* para uma diversificação das formas de caracterizar.

As *categorias de ação – sequências de ação lineares (A)* nos relatos e *complicação/resolução (C)/(R)* nas estórias – são aquelas que mais se expandem nas três séries. Os dados podem ser vistos nas figuras 5 e 6 da próxima página.

As *sequências de ação*, menores que o cenário na 2ª série em relatos, expandem-se continuamente. Presentes também em um percentual mínimo de estórias de 2ª – inseridas entre a *situação inicial do cenário e a complicação* – mesmo neste subtipo apresentam expansão progressiva.

FIGURA 5 – NÚMERO MÉDIO DE PROPOSIÇÕES POR CATEGORIA
SUPERESTRUTURAL POR TEXTO DE SUBTIPO RELATO:

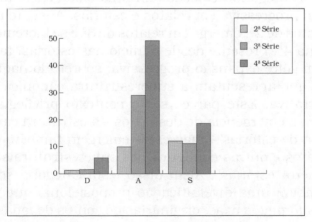

FIGURA 6 – NÚMERO MÉDIO DE PROPOSIÇÕES POR CATEGORIA SUPERESTRUTURAL POR TEXTO DE SUBTIPO ESTÓRIA:

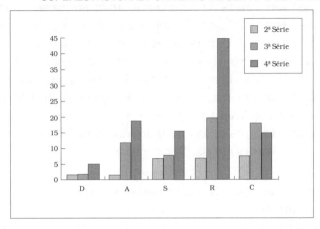

Já a *complicação*, nas estórias, apresentam um crescimento de cerca de 11 proposições por texto de 2ª para 3ª série, mas, na 4ª, reduz-se em favor de um crescimento considerável do número de proposições componentes da *resolução*, que, por sua vez, apresenta um crescimento em progressão geométrica de 2ª a 4ª. As crianças, neste percurso, aprendem essencialmente a "resolver" as complicações que criam.

A categoria *desfecho* tem uma emergência também progressiva em relatos e estórias. Ausente nos relatos de 2ª, emerge em relatos de 3ª e se incrementa na 4ª. Presente desde o início nas estórias, também sofre expansão progressiva, sobretudo naquelas que apresentam a superestrutura canônica da narrativa. Este parece ser o contexto privilegiado para a emergência de desfechos – a estrutura canônica de estórias – mas estes emergem também em relatos e outras configurações superestruturais do gênero "estórias". Além disso, esta categoria sofre também uma diversificação proposicional que vai das *fórmulas* fixas, originárias de contos de fadas, a uma diversidade de modos de se encerrar o discurso narrativo. Sobretudo na 3ª série, a presença de *fragmentos polifônicos* – interações com outras vozes envolvidas nas condições de produção do texto (leitor pressuposto, personagem, narrador, autor, professor como destinatário real, etc.) torna-se um modo frequente de se terminar uma narrativa. Vejamos um exemplo:

(T4) A PATADA
(A.C., 4ª série)

Os leitores que me desculpem porque fica cansativo escrever duas vezes a mesma coisa e por isso os ladrões o mataram, deixando ele só migalhas! (interação com o leitor pressuposto que figura como resolução e desfecho do texto, numa estrutura recursiva circular).

Outra forma muito frequente de desfecho utilizada na 3ª série é o de recursos visuais – desenhos – no final de textos. Estes procedimentos decrescem em sua produtividade na 4ª série.

Por outro lado, cabe observar que desfechos com finalidade *avaliativa* ou de decorrências moralizantes para o mundo real (*didática*) são praticamente inexistentes neste *corpus*, o que faz supor outras funções para o desfecho de narrativas destes sujeitos. Em muitos casos, o que se encontra tematizado é o retorno ao mundo "real", isto é, o desfecho estaria funcionando como uma espécie de *objeto trasicional* da ficção para o real, um fragmento de discurso... *que lhe permite desdobrar-se, que lhe permite ter uma passagem de ida e volta* (Pain, em prep.).

Desta perspectiva, podemos também interpretar estes fragmentos interacionais entre o sujeito/ narrador/autor/personagem e personagem/leitor real/ leitor pressuposto como formas de retorno ao contexto de produção do texto e de saída da ficção criada.

Ao todo, pode-se identificar cinco procedimentos que se fazem produtivos na expansão das estórias e relatos: a) a recursividade das categorias; b) a utilização de fragmentos icônicos (desenhos e onomatopeias); c) a utilização de sequências de ação lineares entre o cenário e a complicação ou entre a complicação e a resolução de algumas estórias e, finalmente, d) a utilização de interações com as diferentes vozes participantes do contexto de produção do discurso. Estes procedimentos não se fazem produtivos em quaisquer categorias superestruturais indiferentemente. Pelo contrário, os procedimentos a e c são próprios à expansão dos componentes de ação; no procedimento b, verifica-se a utilização de desenhos sobretudo em cenários e desfechos e do procedimento do uso de onomatopeias nas categorias de ação. O procedimento d ocorre sobretudo em desfechos e, às vezes, em complicações. Um último e quinto procedimento, que provoca a expansão das categorias de ação e que foi identificado como mais frequente em 3ª série, é o recurso de vazar as categorias de ação em discurso direto entre os personagens.

Entretanto, os aspectos mais ricos deste processo de desenvolvimento podem ser inferidos do cruzamento dos dados mais propriamente estruturais com os índices de relevância das condições de produção do discurso, por um lado, e com a fonte suposta de origem do conhecimento de mundo ativado, por outro. Os fatores aí analisados indicam uma inter-relação complexa e dialética entre contexto de produção, ficcionalização e estrutura textual, na medida em que os dados remetem a uma interação entre o crescimento estrutural e da relevância das condições de produção e um outro processo, que poderíamos chamar de processo de *objetivação* por meio da *emergência da autoria* (ORLANDI, 1975).

Por um lado, os próprios fragmentos de interação comentados acima indicam uma emergência progressiva da *figura do leitor virtual* a partir da 3ª série. Esta emergência, portanto, seria concomitante ao momento de expansão das categorias de ação e de diversificação de procedimentos de estruturação. Este fato indica certa confirmação de nossa hipótese de que a inserção do sujeito nas condições de produção do discurso escrito – viabilizada pelo contexto escolar e o avanço do letramento – estaria determinando desenvolvimentos estruturais. Além disso, há dados de incremento do letramento na amostra, onde verificamos que, sobretudo na 4ª série, há um crescimento do uso de *sripts* e *frames* retirados de estórias ficcionais escritas.

Pode-se verificar, em estórias e relatos, pelo menos cinco tipos diversos de interação com o leitor (pressuposto ou real): a) interações do sujeito com o leitor real (o professor); b) interações do personagem com o leitor pressuposto; c) do narrador com o leitor pressuposto; d) do autor com o leitor pressuposto e, finalmente, e) interações que preenchem também o caráter de *fala planejadora*. Três conclusões podem ser retiradas destas constatações. Em primeiro lugar, as interações do *sujeito* só se dão com o leitor real de seus textos (o professor). Em segundo lugar, há uma variedade de *vozes* e máscaras do sujeito que podem interagir com o leitor virtual em seu lugar (o personagem, o narrador, o autor). Em terceiro e último, estas interações, às vezes, podem cumprir função planejadora do texto.

Além disso, emergem também interações entre estas *máscaras* do sujeito. Vejamos um exemplo:

T (19) SEM TÍTULO
(M.O., 3ª série)

– Ei, autora, a estória não pode terminar assim – falou a esponja branca.
– Pode sim, eu sou a dona da estória – disse a autora.
– OK, você venceu – disse a esponja de talco.

O que se percebe aqui é um desdobramento do sujeito por suas máscaras e um desdobramento de seus interlocutores em papéis-máscaras, provendo uma polifonia do texto que, mais que polifonia, é índice de um processo de ficcionalização do sujeito que se inscreve em suas máscaras (personagem, narrador, autor), responsável pela objetivação do sujeito e do mundo textual como construto, com todas as decorrências para um procedimento clínico que isto pode configurar.

A interpretação acima fica complementada pelos dados sobre o tipo de discurso que estrutura as categorias de ação, na medida em que poderíamos considerar a estruturação das categorias de ação em *discurso direto entre personagens* como ausência do *narrador*, cuja emergência implica aquela do *discurso indireto do narrador* e da *mistura de discurso indireto do narrador* e *discurso direto entre personagens.* Vê-se, nesta análise, que, no início, só falam ou o narrador ou o sujeito, em *discurso indireto*[4]. Esta voz monológica vai, progressivamente, cedendo lugar a uma polifonia entre narrador e personagens no discurso ficcional, onde, às vezes, só os personagens falam. Nos relatos, há uma reemergência, em 4ª série, da voz monológica do sujeito que relata autobiograficamente em *discurso indireto.* Em alguns casos, o sujeito fala como autor.

---

4. Os dados de Perroni, 1983a e b, sobre o desenvolvimento do discurso narrativo oral indicam o mesmo movimento.

Quanto à emergência do *personagem*, verificou-se algumas tendências ontogenéticas. A tendência maior em estórias é a da utilização ou criação de personagens ficcionais. Nos relatos, entretanto, a utilização ou criação de personagens ficcionais que são agentes de uma ação vivenciada no mundo real é um dos mecanismos de *ficcionalização do relato* ou *cotidianização da aventura* que os sujeitos de 2ª e 3ª séries utilizam. Novamente, é na 4ª série que relato e estória voltam a se discriminar enquanto mundo ficcional e real e onde os sujeitos vão utilizar, majoritariamente, um discurso em 1ª pessoa nos relatos.

De todo modo, identificam-se variados recursos para a constituição da *voz participante*: o uso do discurso em 1ª pessoa ou a ficcionalização de um personagem em 1ª pessoa; o personagem ficcionalizado com base em pessoas conhecidas e próximas (como o colega de classe ou o professor) – mecanismo este mais utilizado por meninas – a utilização de um personagem preexistente e a criação de personagens ficcionais.

Também os dados obtidos sobre o tipo de conhecimento de mundo ativado na geração do texto e sua suposta fonte de origem (outras vozes) confirmaram, por sua parte, esta interpretação. Na análise destes dados, verificou-se que há um declínio do uso de conhecimentos cuja origem pode-se atribuir a vivências cotidianas, em estórias e relatos, em favor de um aumento do uso de *frames* e *scripts* cuja origem pode ser atribuída aos *media* (3ª série) e, a seguir, *frames* e *scripts* retirados da literatura infantojuvenil (4ª série). Identificou-se, portanto, dados de crescimento do letramento, solidários à emergência do narrador cuja voz é viabilizada no discurso indireto.

Por outro lado, estes dados indicam uma inter-relação complexa entre mundo e estrutura (gênero) do discurso. Verificou-se que há relatos que não relatam a experiência vivida e estórias que ficcionalizam sobre ela. Os esquemas superestruturais originários do letramento estariam em interação complexa com as fontes de experiência e os processos de objetivação e subjetivação[5].

Portanto, os dados indicam uma emergência inicial de um sujeito-narrador, que só se desdobra à medida do mundo em que a estória/relato se passa. É na emergência do personagem que a figura do narrador se afirma, tomando sua voz a forma do discurso indireto e, às vezes, pondo-se mesmo em diálogo com ele. Segundo de Lemos (em prep.):

> [...] o personagem narrado é o lugar onde o sujeito aponta para si mesmo. A criança – que se vive, no relato, como apontada e nomeada pelo outro – na estória, nomeia o outro (personagem) para se viver como sujeito. É só através da ficção que me ficcionalizo o suficiente para apontar para mim mesmo.

O "ele" *personagem* é o lugar projetado onde a minha ficcionalização enquanto sujeito – minha *máscara* – aponta para mim mesmo – *"eu" objetivado*.

---

5. Poderíamos tratar esta diversidade de interação entre conteúdos e formas como casos, a partir da noção de colagem e combinação livre (PERRONI 1983a, 1983b, e 1986). Entretanto, não se trata, a nosso ver, de uma relação sincrética de justaposição de estrutura e mundo (*uma relação de ao mesmo tempo*) em colagens e combinações de tipo mosaico. À metáfora do mosaico ou colagem preferiríamos aquela do tecido, onde diferentes fios se contrapõem, conservam-se e se superam na emergência da síntese que é a trama. Por isso falamos em uma relação dialética entre processo de objetivação e letramento, já que, a nosso ver, não se trata de sincretismo, mas de *authebung*.

São processos de *objetivação* do discurso, onde o papel de *testemunha de si próprio*[6], no relato autobiográfico – com o grau de distanciamento que acarreta a observação de si mesmo enquanto participante de uma ação no passado – teria relações complexas, na ontogênese, com o papel de *testemunha do outro*, outro este observado no real – nos discursos expositivos – ou projetado no personagem – construção de facetas da subjetividade – na narrativa ficcional. Esta obra, este desdobramento do papel de testemunha de meu outro projetado faria emergir, na narrativa ficcional, a voz objetiva do narrador.

O *locutor – aquele que se apresenta como eu no discurso* (ORLANDI & GUIMARÃES, 1988, p. 8; Benveniste, 1959, p. 269-270) – teria de tomar o papel de *Testemunha de si próprio* nos relatos autobiográficos, com o exercício de *observador* que este movimento implica. Isto seria condição necessária para a constituição da função discursiva de *enunciador*, caracterizada em Orlandi e Guimarães, 1988, p. 8, como a *perspectiva que este eu constrói*. É, portanto, no papel de *enunciadores* que os sujeitos, em sua maiodria, constituem seus relatos e estórias, por meio e uma diversidade de modos de constituição de

---

6. Cf. para as noções de locutor, testemunha, historiador, Benveniste, 1959. O autor define enunciação histórica como *a narrativa dos acontecimentos passados*, reservada hoje essencialmente à escrita e *sem nenhuma intervenção do locutor na narrativa*. Refere-se, aqui, tanto às narrativas históricas quanto às ficcionais. Nestas, narram-se os fatos que se produziram, os quais, para serem registrados, devem pertencer ao passado. Domínio da objetividade, da exclusão da subjetividade, *ninguém fala aqui*. Contraposta a este plano, o autor define a enunciação de discurso como uma variedade de tipos discursivos (da conversação espontânea à autobiografia), que pode se apresentar nas modalidades oral e escrita, mas que se caracteriza como toda enunciação que suponha a relação locutor/ouvinte, a relação eu:tu. Uma enunciação caracteristicamente organizada na categoria de pessoa, domínio da intersubjetividade e, logo, das subjetividades *eu:tu falamos aqui*. O discurso do locutor é o espaço do eu:outro. No discurso do historiador opera-se um apagamento do sujeito e um deslocamento ao passado.

perspectivas. A emergência do narrador assinala a voz *objetiva* que oculta o sujeito enunciador que, de *observador*, passa a *espectador* de suas perspectivas criadas.

Outra coisa é a *autoria*. Segundo Orlandi, 1983: 5,

> [...] *para a constituição da identidade, não bastam as relações: é preciso recompô-las, dar-lhes unidade a partir de uma vontade que se dá como autoria. E a escrita permite este distanciamento do cotidiano, favorecendo a fixação de pontos de vista. A suspensão dos acontecimentos para observação pela escrita permite a autorreferência sem as intervenções que se dariam nas situações ordinárias de vida.*

É essencialmente na ficção (narrativa e jogo dramático) que se dá o exercício destas perspectivas, papéis e pontos de vista. Mas, de modos diversos.

> *É fundamentalmente a ausência do espectador e autor o que distingue radicalmente o jogo da arte. O jogo não pressupõe, do ponto de vista daquele que joga, um espectador que se encontre fora do jogo e para o qual se realizaria a totalidade do acontecimento representado no jogo* (BAKHTÍN, 1979: 72).

Segundo Bakhtín, o *autor* é aquele *espectador* que dota de *unidade ativa e intensa a totalidade concluída do personagem e da obra*. A consciência do autor abarca a do personagem e o próprio mundo de consciência da obra que compreende e conclui o mundo de consciência do personagem, por meio de um *excedente de visão* que o caracteriza. Na obra, o autor se encontra fora, extraposto tanto de sua condição de sujeito como do mundo que criou, de tal forma que pode construí-lo e concluí-lo com uma visão que excede àquela das perspectivas parciais da obra (personagem/narrador). *A extraposição se conquista e, frequentemente, trata-se de uma luta mor-*

tal, sobretudo quando o personagem é autobiográfico (BAKHTIN, 1979: 22). Esta é a *objetividade* estética.

Portanto, aqui, o autor – nem voz ou máscara, nem sujeito – teria um movimento de distanciamento e diferenciação ainda mais acentuado. Trata-se do *espectador do espectador*, na medida em que o narrador já assume uma perspectiva de espectador do acontecer dos personagens.

Além disso, vemos aqui duas figuras – dois olhos e vozes do texto – que emergem na ontogênese e que parecem estar em estreita e complexa relação: autor e leitor. Se os sujeitos, desde a 3ª série, estabelecem interações, assumindo diferentes vozes (personagem/narrador/autor), com o leitor pressuposto – efeitos do letramento –, só em alguns casos de 4ª série, a voz do autor se faz ouvir e, coincidentemente, sempre tematizando a conclusão do discurso (cf. exemplo 2). Isto faz crer que a emergência da autoria estaria determinada pela experiência da criança no papel de leitor. Mas também na perspectiva de personagem e narrador.

É por si só evidente a importância destas constatações para as práticas terapêuticas e clínicas de escrita, mais ainda se pensarmos que a maioria das crianças encaminhadas às clínicas como portadoras de "dificuldades de escrita" são sujeitos que tiveram sua identidade afetada por rupturas no processo de letramento e escolarização. As eventuais suturas destas rupturas deverão, pois, levar em conta, na constituição das práticas leitoras e produtoras de escrita, estes processos de fusão, projeção e diferenciação em relação às vozes e atores internos à narrativa ao interlocutor virtual (autor/leitor) que as práticas narrativas subsumem.

Um olhar mais detalhado sobre tais processos pode ser obtido através da discussão de cinco depoimentos de nossos sujeitos (ROJO, 1992).

Em nossas entrevistas, vimos que os sujeitos, na sua maioria, iniciam o planejamento pela construção do(s) personagem(ns) e somente os sujeitos melhor classificados pelo professor das séries mais avançadas iniciam sua geração de ideias pela construção do problema narrativo, dados estes que parecem indicar, neste "n" restrito de sujeitos, um processo de desenvolvimento. Por outro lado, constatamos que as fontes cognitivas privilegiadas para estas construções são conhecimentos advindos dos media visuais (filmes de TV e vídeo, sobretudo), e nas melhores classificações esta fonte se desloca para *media* escrito (quadrinhos e livros).

No cruzamento destes dois tipos de dados para análise qualitativa das formas de geração de ideias para a constituição do personagem, verificamos três tipos de processos dentre nossos 10 sujeitos: o processo de "nomear desejos"; o de "fazer pão" e o de "encaixar"; isto é, processos *projetivos*; processos *objetivos não monitorados* – caracterizados pela ativação múltipla de *frames* e *scripts* –; e processos *objetivos monitorados* pelo esquema superestrutural. Como, em tais processos, as variáveis série de escolaridade ou avaliação na série nem sempre foram significativas, podemos concluir por uma variabilidade de processos dentre estes sujeitos, mantida a regularidade de geração inicial do(s) caráter(es) da narrativa como processo predominante.

Exemplo de processo *projetivo* encontra-se no depoimento de DB, sujeito F de 3ª série. No caso deste depoimento – como nas três entrevistas de sujeitos classificados como F por seus professores – a ativação inicial da geração de ideias para a constituição do personagem consiste na ativação de uma palavra (*menino, lugar, menina*) – em todos os três casos, ligada a simbolizações do inconsciente no sentido da psicanálise – que será repetida mentalmente muitas vezes pelo sujeito (conforme seus depoimentos) e que serve como chave para a busca e recuperação de *frames* e *scripts* que comporão o texto. Neste depoimento, a palavra detonadora, que simboliza projetivamente formações do inconsciente do sujeito DB (... *um menino que não gostava de nada [...] o menino... o menino...*), acaba por ativar, num processo associativo de identificação, o *frame* do E.T., a partir do qual desenrolar-se-á o enquadramento inicial de tipo *on-line* do texto produzido.

Num exemplo que podemos considerar como "de transição", THS, sujeito R de 2ª série, tem também um processo de geração inicial de ideias que rege um processo de planejamento por enquadramento, iniciado pela ativação de ideias para a construção do personagem a partir de filmes de TV. A seguir, THS planeja sua caracterização; executa esta porção textual e volta a planejar a complicação em relação com o personagem construído. Planeja, então, o personagem antagonista, a complicação e a resolução e, a seguir, executa esta porção textual, constituindo este processo um exemplo típico de planejamento por enquadramento, diverso – em quantidade e, de certa forma, em qualidade – do relatado por DB, que classificamos como *on-line*.

O interesse deste exemplo está na clareza com que o sujeito é capaz de recuperar seu processo de ativação de ideias e de planejamento, onde a ativação de *frames* iniciais para a composição do personagem (mulher maravilha/mulher biônica) determina a ativação de um *script* (crime) que corresponderá à complicação/resolução da estória, conforme o seguinte esquema processual[7].

---

7. Os tipos enfatizados correspondem a partes do *script* e os tipos comuns a frames que os alimentam.

Figura 6 – Esquema processual

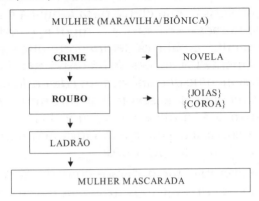

Não podemos entretanto dizer que se trata de um processo objetivo (isto é, regido pelos objetos do mundo textual em constituição. Ao contrário, seu processo de ativação é projetivo, na medida em que o que nele está regendo a ativação inicial de ideias é a simbolização de um desejo de identificação projetiva. Note-se que sua estória aparece em nosso corpus duas vezes, em março e em maio, e que o nome da mulher biônica no texto-base é também Mariana (nome de colega de classe escolhida como suporte a um só tempo de projeção e de constituição do personagem da estória). Note-se também que, no caso do processo de produção do texto-base de análise, a palavra-ideia responsável pela ativação é simbolização desta identificação projetiva (mulher). Neste sentido, podemos dizer que o processo de THS é "de transição", isto é, apresenta semelhanças com outros processos projetivos considerados pelos professores como F (cf. DB acima), mas, uma vez ativado o *frame* de composição do caráter objetivado, este passa a reger a escolha de *scripts* adequados a este caráter, desligados já, relativamente, das projeções identificatórias e responsáveis por uma maior coerência do texto resultante.

Outro exemplo de planejamento por enquadramento, mas que se inicia pelo planejamento da situação inicial do cenário que servirá de oportunidade para ação e introdução da complicação e que também assume a qualidade de um conjunto de *frames* e *scripts* retirados de livros lidos e desenhos animados de TV, é o que se encontra no depoimento de BA, sujeito O de 3ª série.

Neste depoimento o processo de THS reaparece, mas agora como processo *objetivo não monitorado* e o sujeito encontra a excelente metáfora de *fazer pão* para dizer do processo de ativação e encaixamento de *frames* e *scripts* diversos, orientados objetivamente para o mundo textual, que constitui o planejamento inicial de sua estória. São personagens, cenas e cenários de livros variados, ações de desenhos animados, que, misturados, vão compondo a trama da estória... *aparece na minha cabeça uma ideia pequena que eu não gosto muito, daí eu misturo com outra, como um pão [...] como uma meleca: coloca farinha, leite, ovos, daí mistura tudo; sai uma meleca: sai a estória...*

Novamente aqui, o sujeito não faz apelo a categorias superestruturais para descrever seu processo, diferentemente de GQ (sujeito O dc 4ª série) que, preservando o processo de ativação múltipla de *frames* e *scripts* – a ponto de tornar a fonte de origem do conhecimento ativado não determinável –, monitora e controla conscientemente seu planejamento por meio das categorias superestruturais (processo *objetivo monitorado*).

Pelo depoimento de GQ, vê-se que seu processo começa pela ativação da complicação da estória (competição) e segue-se um raciocínio regido pela causalidade entre as ações e fatos que constituem esta complicação, de tal forma que:

Figura n. 7

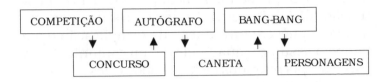

Além disso, desde o início o sujeito se preocupa com a organização macroestrutural da estória (*como vai ser a introdução desta estória*), fato este possibilitado por seu conhecimento consciente sobre a superestrutura narrativa.

É assim que o raciocínio causal inicial passa, então, a ser monitorado pela metacognição do sujeito a respeito da organização das categorias superestruturais, que passa a reger o processo de planejamento e execução do texto, iniciando-se esse planejamento pelo cenário (situação inicial). Podemos aqui dizer que o conhecimento consciente da superestrutura monitora o planejamento, a organização e a execução, na medida em que o sujeito se refere, em sua entrevista, às categorias superestruturais (introdução, problema) como controladoras do processo de planejamento.

No depoimento de DB, sujeito F (tido pelo professor como aluno fraco) de 3ª série, a palavra detonadora, que simboliza formações do inconsciente, é absolutamente diversa daquela do depoimento de GQ, sujeito O (tido pelo professor como aluno ótimo) de 4ª série, onde figuram as palavras *competição, concurso, autógrafo, caneta* e onde o sujeito acaba por ativar um *script* de *bang-bang*. Essas palavras têm um forte caráter conceitual e objetivo (voltado para o mundo e não para o próprio sujeito). A descrição de processo do sujeito é a da emergência do *fato básico* a partir de seu conhecimento de mundo (... *bang-bang, assalto*

[...] estórias, tudo [...] livros, filme, qualquer coisa...), que pode ou não ser transformado em título, já que este pode só emergir no final do processo. A partir da emergência deste fato básico, no caso, *competição*, o processo do sujeito passa a ser guiado pela relação de causalidade entre os fatos, expressa e organizada pela superestrutura narrativa, da qual o sujeito tem conhecimento consciente.

A nosso ver, isto modifica a quantidade e a qualidade de planejamento prévio deste sujeito, que passa, então, a ser conceitualmente monitorado. A metacognição a respeito do conceito de "estória" e de sua superestrutura – que passa a monitorar o processo – encontra-se aqui quase completamente desenvolvida e GQ tende a remeter suas explicações sobre as razões da presença de categorias superestruturais no texto às condições de produção da narrativa escrita, tais como a representação de um leitor virtual (*para o cara entende*).

Um outro sujeito – DL, sujeito B (tido pelo professor como aluno bom) de 4ª série – afirma, em sua entrevista, além da percepção do leitor virtual, uma clara percepção de que a criação ou a apropriação de personagens ficcionais (tomados como objetos de variados mundos possíveis) permite a abertura de possibilidades de ação outras, que não lhe estão dadas a si como sujeito. Permite-lhe a liberdade de escolha entre diferentes e mais amplos mundos possíveis. Este nos parece um passo ontogenético importante na construção da objetividade. No dizer do próprio sujeito:

> *É legal ter personagem, porque daí eu penso o personagem e então eu vô podê falá o que eu quisé. Porque você não vai podê fazê que você é o super-homem, né? Isso daí não é a verdade. Cê pode inventá que ele é super, porque ele com um dedo derruba a parede; cê pode inventá isso [...] Na sua imaginação. Eu tenho superimaginação.*

Isto nos faz rever nosso enfoque das *condições de produção* e de seu papel no desenvolvimento da narrativa escrita. Haveria processos de desenvolvimento que implicariam uma objetivação do discurso, onde a criança, *participante* nos diálogos e *locutora* em seus relatos, constituir-se-ia em *enunciadora* que constrói a existência e perspectiva de seus personagens, por meio de variados processos de objetivação (da máscara, do discurso, da ação). Este movimento implicaria um movimento cognitivo de *observadora* de si própria e do mundo que a cerca, incluídos aí os objetos ficcionais com que entra em contato por meio dos *media* e do letramento.

A possibilidade de viver-se como receptora de narrativas, ainda na oralidade, permitiria, num primeiro momento, a emergência da projeção de facetas de sua subjetividade em construtos ficcionais – os personagens – no jogo e nas estórias. Em particular, a possibilidade dada no letramento de viver-se como leitor/*espectador* levá-la-ia a um movimento de observadora das perspectivas criadas e à criação de uma voz (*ficcional/objetiva*) que diga destas perspectivas: o narrador.

Na autoria, seria ainda necessário um movimento de extraposição, de diferenciação, entre sujeito e narrador, que geraria a emergência do autor. O autor se constitui através da maestria sobre personagens e narrador, entendido aqui como mecanismo de objetivação, de ocultamento, a um só tempo, do autor e do sujeito.

Neste processo, o letramento – com seus aspectos estruturais-discursivos e ficcionais – interfere em diversos momentos: quando se conta estórias ficcionais à criança – por meio de diversas linguagens – possibilitando projeções de facetas de sua subjetividade e o papel de espectadora; quando se lhe faz ler estórias, colocando-a num papel de leitora que incorpora discursos e modos discursivos próprios da escrita; quando se lhe faz escrever estórias, objetivando uma figura de narrador e uma estrutura textual que lhe permite o papel de autora.

Muitos procedimentos, como vimos, são usados pelas crianças neste processo de superação. Muitos processos discursivo-interacionais constitutivos da subjetividade na intersubjetividade (olhar-se no espelho, nomear-se e ser nomeado, apontar-se e ser apontado, separar-se, identificar-se, simbolizar-se) são aqui reencontrados como processos de deslocamento desta subjetividade – na interação social mais ampla – para os apagamentos e armadilhas discursivas da objetivação e despessoalização do discurso. Neste percurso, o *eu da enunciação* passa, a um só tempo, a concluir a *estória* e construir a *história*.

REFERÊNCIAS

BAKHTÍN, M. (1929). *Marxismo e filosofia da linguagem*. São Paulo: Hucitec, 1981.

_____. (1979) Autor y personaje en la actividad estética. In: BAKHTÍN, M. (1979). *Estética de la Créacion Verbal*. México: Siglo XXI, 1985, p. 13-190.

BENVENISTE, E. (1959). As relações de tempo no verbo francês. In: BENVENISTE, E. (1966). *Problemas de linguística geral*. São Paulo: Nacional/Edusp, 1976, p. 260-276.

CARRAHER, T.N. (1987). "Explorações sobre o desenvolvimento da ortografia em português". In: *Isto se aprende com o ciclo básico*. São Paulo: Cenp.

COOK-GUMPERZ, J. (org.) (1991). *A construção social da alfabetização*. Porto Alegre: Artes Médicas.

VAN DIJK, T.A. & KINTSCH, W. (1983). *Strategies of discourse comprehension*. Nova York: Academic Press.

FERREIRO, E. & TEBEROSKY, A. (1984). *Psicogênese da língua escrita*. Porto Alegre: Artes Médicas, 1985.

FERREIRO, E. & PALACIO, M.G. (1987). *Os processos de leitura e escrita*: novas perspectivas. Porto Alegre: Artes Médicas.

GOODMAN, K. (1967). "Reading, a psycholinguistic game". *Journal of the reading specialist.* Maio de 1967.

JOLIBERT, J. (1988). *Formar niños productores de textos.* Chile: Hachette, 1991.

KROLL, B.M. & WELLS, G. (orgs.) (1983). *Explorations in the development in writing*: theory, research and practice. Nova York: Willey & Sons.

LABOV, W. & WALETSKI, J. (1967). "Narrative Analysis: oral versions of personal experience". In: HELM, J. (org.) (1967). *Essays on the verbal and visual arts.* Seatle: Washington U.P., p. 12-44.

LEMOS, C.T.G. de (em prep.). *Aprendendo a dizer "eu".*

MARTLEW, M. (org.) (1983). *The psychology of written language*: developmental and educational perspectives. Nova York: Willey & Sons.

NYSTRAND, M. (org.) (1982). *What writes know?* Nova York: Academic Press.

ORLANDI, E.P. (1975). Nem escritor, nem sujeito: apenas autor. In: ORLANDI, E.P. (1988). *Discurso e leitura.* Campinas: Edunicamp, p. 75-82.

_____ (1983). "A incompletude do sujeito". *Folhetim, Folha de São Paulo.* 27/11/1983, p. 4-5.

ORLANDI, E.P. & GUIMARÃES, E. (1988). *Unidade e dispersão*: uma questão do texto e do sujeito [Mimeo, inédito].

PAIN, S. (em prep.). Subjetividade e objetividade: as relações entre desejo e saber na aprendizagem. In: ROJO, R.H.R. et al. (orgs.) (no prelo). *Processos de aprendizagem: a construção da subjetividade e da objetividade.* São Paulo: Cevec.

PERRONI, M.C. (1983a). *O desenvolvimento do discurso narrativo.* Campinas: IEL/Unicamp [Tese de doutoramento].

_____ (1983b). Colagens e combinações livres no desenvolvimento do discurso narrativo. *Cadernos de estudos linguísticos,* n. 5, p. 5-26. Campinas, IEL/Unicamp.

_____ (1986). A bela e a fera da aquisição da linguagem. In: MEISEL, J.M. (org.) (1986). *Adquisición de lenguaje/ Aquisição de linguagem.* Frankfurt: Vervuert, p. 23-35.

ROJO, R.H.R. (1992). "Modelos de processamento em produção de textos: subjetividade, autoria e monitoração". In: Paschoal, M.S.Z. & Celani, M.A.A. (orgs.) (1992). *Linguística aplicada*: da aplicação da linguística à linguística transdisciplinar. São Paulo: Educ/PUC-SP.

_____ (1990). "O desenvolvimento da narrativa escrita: como são os textos que as crianças escrevem? *D.E.L.T.A.* n. 6(2), p. 169-193. São Paulo: Educ/PUC-SP.

_____ (1989). *O desenvolvimento da narrativa escrita*: "fazer pão" e "encaixar". São Paulo, PUC-SP [Tese de Doutoramento].

SCHOLES, R. & KELLOGG, R. (1976). *A natureza da narrativa*. São Paulo: McGraw-Hill do Brasil, 1977.

SMITH, F. (1981). *Writing and the writer*. Nova York: Holt, Rinehart & Wintson.

SMOLKA, A.L.B. (1988). *A criança na fase inicial da aquisição da escrita*: a alfabetização como processo discursivo. São Paulo: Cortez.

_____ (org.) (1993). *A linguagem e o outro no espaço escolar*: Vygotsky e a construção do conhecimento. Campinas: Papirus.

SPIRO, R.J., BRUCE, B.C. & BREWER, W.F. (orgs.) (1981). *Theoretical issues in reading comprehension*. Hilldale: Erlbaun.

TEBEROSKY, A. (1991). *Psicopedagogia da linguagem escrita*. Campinas: Edunicamp.

TEBEROSKY, A. & CARDOSO, B. (orgs.) (1991). *Reflexões sobre o ensino da leitura e da escrita*. Campinas: Edunicamp.

VON WRIGHT, G.H. (1968). *Un ensayo de lógica deóntica la teoría general de la acción*. México: Universidad Nacional Autónoma de México, Instituto de Investigaciones Filosóficas, 1976. Caderno 33.

capítulo VI

Maria Lúcia Lemme Weiss

A avaliação e a instituição escolar

Maria Lúcia Lemme Weiss*

O propósito do texto é caracterizar a atuação da escola enquanto instituição produtora do conhecimento, no tocante a ações que, direta ou indiretamente, levam o aluno a baixar sua produção escolar. O que é traduzido, com frequência, por dificuldade de aprendizagem, sem que se atente para uma possível ação patologizante da escola. Pretende-se chamar a atenção para procedimentos de avaliação no cotidiano da sala de aula que, por não levarem em consideração o processo de construção do conhecimento, acabam por valorizar, apenas ou demasiadamente, o produto final, como expressão cabal e definitiva do que o aluno aprendeu. Desprezam-se, ainda, nesta avaliação, utilizada para caracterizar dificuldade de aprendizagem, elementos fundamentais como métodos de ensino, relação professor-aluno, objetivos e ideologia da instituição. Acrescente-se que esta problemática, hoje, tem origem cada vez mais cedo.

No mundo atual, as crianças estão entrando cada vez mais cedo para instituições, em que a educação é formalizada, seja maternal ou jardim de infância (pré-escola). Instalou-se uma etapa que por

---

* Pedagoga, psicóloga especializada em psicopedagogia, mestre em psicologia, professora adjunta do Instituto de Psicologia da Universidade do Estado do Rio de Janeiro.
Rua Conde de Bonfim, 674 c4, Tijuca – Rio de Janeiro, CEP 20520-055 – RJ.

necessidade familiar antecede à escola, que é encarregada da chamada aprendizagem formal dos conteúdos programáticos estruturados de matemática, língua portuguesa, ciências, história, etc.

A pré-escola, como escola, já é um espaço de construção do conhecimento em ambiente facilitador do desenvolvimento. Pode formar crianças, que irão para a etapa da alfabetização, autônomas, críticas, criativas ou, ao contrário, dependentes, estereotipadas, com aversão ao trabalho escolar. Esta trajetória anterior deve ser considerada, numa avaliação psicopedagógica, com bastante cuidado pois, em alguns casos, a dificuldade de aprendizagem surgida em séries escolares avançadas tem sua origem em formações reativas à instrução escolar nos primeiros anos de vida.

Por outro lado, a avaliação das dificuldades de aprendizagem envolve de certo modo o mecanismo de avaliação de aprendizagem *na* escola assim como a avaliação *da* escola.

A forma de avaliar o aluno reflete como se organiza a ação pedagógica da escola, se ela tem ou não filosofia de educação coerente e definida; sabe que homem quer formar; se tem uma diretriz geral de trabalho, que envolva o planejamento em diferentes níveis, e assim se reflita "no fazer" e "na cobrança" em sala de aula. Pois é a partir dessa cobrança, formal, institucional, que são definidos parâmetros em relação aos quais a escola aponta "dificuldades de aprendizagem" na criança e faz o seu encaminhamento para diagnóstico.

Na avaliação escolar feita através dos instrumentos usuais como provas, testes, trabalhos específicos, etc., existe uma questão básica a ser considerada que é o "erro" enquanto parte do processo de construção do conhecimento. Não pode o professor considerar apenas o produto final, a palavra ou número colocado ou a cruzinha marcada. É necessário compreender o processo mental que o aluno usou nesse caso específico. Localizar a falha processual deve ser a preocupação maior do professor. Examinemos situações que ocorrem amiúde. A propósito de um problema de matemática cabem indagações do tipo:

1º – a leitura foi boa, em nível que permitisse a possível compreensão do texto?

2º – o aluno soube ler bem, compreendeu, apreendeu realmente o problema?

3º – possui informações matemáticas que permitam desenvolver o raciocínio necessário?

4º – foi capaz de mobilizar essas informações já adquiridas para a situação presente?

5º – conseguiu organizar os dados do problema com as informações que possui?

6º – conseguiu aplicar a forma de raciocínio necessária ao problema?

7º – mobilizou a rotina necessária à formulação, à apresentação escrita do desenvolvimento e resultado?

8º – colocou a resposta no lugar adequado?

9º – trocou o número da resposta no momento de transcrever o resultado?

Outro aspecto da questão ligado aos erros em matemática está no significado inconsciente de fatos e operações matemáticas. O que sentirá a criança quando precisa juntar, separar, retirar, lidar com a falta, o "a mais", o "a menos", dividir com, aumentar para, multiplicar, pertencer a dois grupos ao mesmo tempo (a duas famílias) etc. A própria matemática traz um conjunto de normas, regras, axiomas, postulados, teoremas, ou seja, "leis" precisas, que às vezes podem ser inconscientemente associadas à "lei" familiar.

Em todas as disciplinas pode haver projeções em relação a questões não elaboradas na dinâmica familiar e tematizadas negativamente em relação à profissão dos pais. Por exemplo, o aluno com horror à matemática que seria a representante do pai "engenheiro, calculista, ou a menina com problemas de comunicação oral e escrita filha de professora de português e literatura.

Num exemplo de prova de história, poderíamos levantar perguntas semelhantes: o aluno foi capaz de:

1º – ler e compreender o texto histórico que serve de ponto de partida para as questões formuladas a seguir?

2º – mobilizar informações históricas que permitissem compreender o significado do texto e a relação com as questões?

3º – estabelecer relações lógicas entre os fatos históricos?

4º – estabelecer relações temporais e espaciais entre os fatos e personalidades históricas?

Relembro o caso Jorge, 12 anos, aluno da 5ª série, reprovado duas vezes em história. Para desespero da escola e da família ele ia bem nas outras disciplinas. Ficava a pergunta: por que história? Seria a troca de escola, de professor? Não, a questão situava-se na construção subjetiva do tempo-realidade. Jorge recebeu o mesmo nome de seu avô, que por sua vez era nome de praça importante do Rio de Janeiro. Tornou-se muito difícil para ele "olhar para trás", ver os outros e a si próprio, sentir a dimensão tempo passado do avô até ele; rejeitava completamente os marcos temporais familiares. Foi necessário reconstrução temporal e reformulação da "história familiar" para que a história universal fosse assimilada.

Como na avaliação em história o fundamental é a construção temporal, em geografia o básico está na construção espacial.

Quanto à construção subjetiva e objetiva do espaço é comum encontrarmos entre os alunos filhos de migrantes do interior do nosso estado ou de estados do nordeste certa confusão nessa área. Costumam ter dificuldades na localização geográfica, acidentes físicos e outras questões propostas ligadas à ocupação sócio-econômico-cultural da terra.

Muitas vezes o erro em ciências naturais não está na memorização de determinados elementos mas na incapacidade de raciocínio de inclusão e interseção de classes, por exemplo: o morcego estará no grupamento de animais que voam, mas não estará nas aves, estará incluído na classe dos mamíferos, mas não estará na dos mamíferos domésticos e úteis e assim por diante. Estas questões serão mais fáceis ou mais difíceis dependendo do desenvolvimento das estruturas do pensamento do aluno e de seu funcionamento, assim como da capacidade do professor de manter ensino que provoque a reflexão.

As situações de avaliação da aprendizagem quando são mal conduzidas são geradoras de um excesso de ansiedade que se torna insuportável para o aluno, chegando à desorganização de sua conduta, o que acarreta o fracasso na produção escolar.

A aprendizagem verdadeira exige um nível de ansiedade ótimo, ela sempre se dá acompanhada de uma "ansiedade paranoide" pelo perigo, representado pelo conhecimento novo (o medo ao novo) e de "ansiedade depressiva" pela perda que se dá de um esquema referencial e certos vínculos que estariam envolvidos na aprendizagem. "Não é somente o novo que produz o medo, mas sim o desconhecido que existe dentro do conhecido" (BLEGER, p. 91).

É necessário que pais e professores fiquem atentos a esses fatos não sobrecarregando emocionalmente as crianças com expectativas e exigências elevadas que geram efeito contrário, bloqueando as reais possibilidades da criança.

Tenho encontrado casos em que as crianças acumulam em sua pequena história de vida até os sete anos, muitas perdas como morte de pessoas queridas, mudanças de casa, de escola, separação de pais, etc. Essas crianças, com baixa resistência à frustração, ficam muito fragilizadas para possíveis perdas escolares e chegam ao ponto de não tentar, não "investir" para não aguentar novas perdas.

É preciso dar-lhes atenção especial em sala de aula, não só em situações normais de ensino como nas de avaliação da aprendizagem.

Quando a avaliação psicopedagógica é de uma criança em processo de alfabetização a questão exige uma reflexão maior sobre o ambiente alfabetizador. Alfabetizar é penetrar num novo mundo, é mudar o eixo referencial da vida. É transformação tão grande como a posição ereta aos 12 meses ou início da fala aos 24 meses. O domínio da língua escrita dá à criança uma autonomia ao mesmo tempo prazerosa e assustadora.

É comum encontrarmos casos clínicos de paralisação no processo de domínio da língua escrita em função do conflito instalado entre aprender = crescer e a perda das vantagens de ser analfabeto, de ser "pequenininho", dependente, ter o papai e a mamãe lendo as histórias e tudo mais. O prazer da independência conflitua com o desejo da dependência.

Com as pesquisas de Emília Ferreiro, Ana Teberosky e colaboradores sobre a psicogênese da língua escrita mudou-se a concepção de alfabetização, o que acarreta de imediato o reposicionamento das chamadas patologias nessa etapa da aprendizagem. Alfabetização não pode mais ser vista como a transmissão de um conhecimento pronto, que para recebê-lo a criança teria que ter desenvolvidas as chamadas "habilidades básicas", possuir pré-requisitos, enfim, apresentar uma "prontidão". A alfabetização é construção resultante da interação da criança com a língua escrita e como diz Telma Weisz (1988) "uma construção que não é linearmente cumulativa, pois se trata de um processo de objetivação no qual o sujeito continuamente constrói e enfrenta contradições que o obrigam a reformular suas hipóteses. Um processo dialético através do qual ela se apropria da escrita e de si mesmo como usuário-produtor da escrita".

Os "distúrbios", como troca, omissão, inversão de letras, perdem totalmente o sentido quando encaramos essa ocorrência como "ensaios da escrita", acompanhando as hipóteses formuladas pela criança em relação ao que ela pensa que é a escrita ao mesmo tempo que começa a fazer a leitura de seus próprios textos. A exigência feita por alguns professores não atualizados no assunto, para que a criança inicie sua alfabetização formalizando escrita segundo certas regras e dentro de prazos estipulados, pode ser desastrosa, gerando grandes dificuldades nessa etapa e tendo consequências no desenvolvimento posterior desse processo de domínio da língua escrita.

É necessário que os pais fiquem atentos para que seus filhos não sejam penalizados pelas grandes falhas metodológicas da escola, que ocorrem nas classes de alfabetização.

O desrespeito à criança no seu ritmo de construção da leitura e escrita poderá gerar tanta ansiedade que as dificuldades formadas estancarão o processo. Essas situações também podem ser provocadas pelos próprios pais quando introduzem exercícios alternativos que se chocam com a orientação da escola ou mesmo quando eles próprios ficam excessivamente ansiosos, depositando suas expectativas exageradas em cima das crianças.

Quando a família tem a possibilidade social e econômica de *escolher* a escola ideal para seus filhos é importante que reflita sobre alguns aspectos:

1º – A escola escolhida tem a mesma ideologia, filosofia de educação que a família? Há coerência ou contradições e oposições? Por exemplo: em casa os pais são adeptos da liberdade excessiva, do *laissez faire* na educação dos filhos e os colocam em escola rígida, formal, para "discipliná-los", ou mesmo situação oposta: escola liberal *versus* família rígida. Tal fato é sempre gerador de grandes conflitos para a criança, podendo atingir a sua produção escolar.

2º – Família sem prática religiosa matricular as crianças em escolas confessionais de qualquer religião, que cobrarão delas certas práticas e atitudes coerentes.

3º – A metodologia da escola exige a participação constante dos pais nos trabalhos de casa, "pesquisas" diversas, saídas com os filhos, comparecimento a reuniões e festinhas curriculares, etc., enquanto que os pais se recusam a fazê-lo, ou trabalham fora e chegam tarde, não podendo realmente cumprir certas solicitações.

4º – O tamanho e a organização da escola em relação à personalidade da criança. Há crianças que se intimidam, ficam "perdidas", sem assistência em escolas muito grandes, com turmas imensas, salas superlotadas. Elas sentir-se-ão melhor em escolas pequenas, mais acolhedoras, menos "ameaçadoras". Por outro lado, há crianças que gostam de grandes grupos, muito espaço, atividades diversificadas.

É necessário que a família procure conhecer o melhor possível a escola que vai escolher para seus filhos, que tipo de homem pretende formar, sua metodologia de ensino, formas de avaliação, normas disciplinares, atualização de professores, etc. Buscar, como já dissemos anteriormente, uma coerência entre as expectativas da família e o que a escola realmente pode oferecer.

Consideramos de fundamental importância que se atente para esses fatos durante o processo diagnóstico aliando-se a essa reflexão a análise dos procedimentos da escola, do material usado, estudo da produção da criança, análise do estágio evolutivo geral da criança, expectativas da escola e da família em relação à produção infantil.

A prática escolar desarticulada deixará o aluno exposto às idiossincrasias do professor, ou mesmo às consequências de fatos episódicos como: doenças, greves, problemas administrativos, etc. A dificuldade observada por um docente inexiste para outro, e nessa descontinuidade segue o aluno ao "sabor das ondas", indicado até para atendimentos específicos.

Como bem situa M. André (1990), *a escola não transmite apenas conteúdos, mas também modos de ver e de sentir o mundo, a realidade e o conhecimento. Assim, há que se pensar muito seriamente em como se quer estruturar o trabalho pedagógico na escola, porque seu impacto na qualificação do professor e na qualidade do ensino em sala de aula é inquestionável* (p. 68).

A escola sem diretriz teórica, ou uma linha de ação comum, de trocas constantes entre os professores, vivendo com frequência conflitos interpessoais entre administração, corpo docente e técnico, tem ação negativa sobre o aluno, como bem esclarece Begler (1980): *A instituição em que se oferece o ensino deve, em sua totalidade, ser organizada como instrumento de ensino e, por sua vez, radical e permanentemente problematizada. Os conflitos de ordem institucional transcendem, de forma implícita, e aparecem como distorções do próprio ensino. Os conflitos não explicitados nem resolvidos no nível da organização institucional canalizam-se nos níveis inferiores, de tal maneira que o estudante se torna uma espécie de recipiente no qual os conflitos poderão cair ou causar impacto* (p. 60).

É fundamental, num diagnóstico, contextualizar o sujeito tanto na família, quanto na escola e na sociedade que perpassa as duas vertentes anteriores, por esse motivo a análise da escola deve ser feita em todos os níveis: administrativo, pedagógico e da relação constante de sala de aula.

Descendo do nível institucional escolar, para a sala de aula, concluímos que há questões que se refletem na produção do aluno ou mesmo na formação de dificuldades de aprendizagem a partir da metodologia de ensino e da relação professor-aluno.

A sala de aula, como diz Luzia de Maria (1994), é um espaço privilegiado de encontro em que o professor tenta dar a todos a mesma oportunidade, mas necessita, ao mesmo tempo, dar a cada um, na sua própria dimensão psicológica e sociocultural, aquilo que permitirá o encontro e não a construção de desencontros. Os desencontros nas salas de aula levam à formação de dificuldades de aprendizagem.

Este espaço necessita sempre ser o lugar do "prazer de conhecer", do "desejo de conhecer", ao mesmo tempo que proporciona ao aluno a oportunidade de troca, de compartilhar a construção coletiva do conhecimento, em que somente trabalhos em grupos bem mediados pelo professor produzem efeito. A má condução das atividades coletivas leva o aluno à fuga da situação de aprendizagem, ao isolamento, rejeição às tarefas, a bloqueios "reativos" na sala de aula.

É fundamental que o professor ressalte os traços positivos, valorizando a parcela, mínima que seja, da contribuição da criança para o sucesso da tarefa realizada em grupo. O "massacre" sofrido por algumas crianças nos chamados trabalhos de grupo em que o professor "passa o trabalho", as crianças realizam sozinhas ou com a ajuda dos pais de alguns, tem sido responsáveis por condutas aversivas. Em tais situações as crianças vão construindo formação reativa a determinadas matérias escolares, ou mesmo à escola em geral. Essas condutas vão se tornar "preocupação" da escola que, em momento posterior, acaba encaminhando a criança para uma avaliação após fracassos sucessivos, como se a própria escola não fosse responsável pela situação.

A terapia mais fácil e simples para o ser humano é a "terapia de sucesso"; por que a escola insiste em criar situações para o fracasso do aluno, para posteriormente tratá-lo? Evitemos situações confusas e desastrosas e teremos menos "dificuldades" de aprendizagem. Seguindo a visão construtivista na produção do conhecimento, qualquer professor partirá do que o aluno já sabe, do conhecimento já incorporado para que novas informações surgidas na sala de aula possam ser construídas, permitindo a verdadeira operacionalização da realidade. Em inúmeros autores piagetianos já aparece a valorização do "ponto de partida" na interação do sujeito com o meio para a construção do novo conhecimento, que seria o "ponto de chegada" desejado pelo professor. Vigotsky já dizia que, quando a criança chega à escola, sempre já sabe alguma coisa. A não valorização do saber infantil na sala de aula pode ser o ponto de partida para construção de dificuldades de aprendizagem.

A passagem de atividades individuais a coletivas, em sala, só é feita sem problemas, de forma tranquila, quando proporciona um clima favorável, constrói-se um ambiente de confiança mútua em que a sensibilidade e a observação de todos se aguça, mantendo a unidade dialética indispensável. Begler (1980) assim afirma:

> Ensino e aprendizagem constituem passos dialéticos inseparáveis, integrantes de um processo único em permanente movimento, porém não só pelo fato de que quando existe alguém que aprende tem que haver outro que ensina, como também em virtude do princípio segundo o qual não se pode ensinar corretamente enquanto não se aprende e durante a própria tarefa de ensino (p. 57).

Somente a "paixão de ensinar" demonstrada pelo professor pode conduzir o aluno à "paixão de aprender" na sala de aula.

Esta relação professor-aluno está, a nosso ver, especificada num contexto psicopedagógico, por Sara Pain (1986) e Alícia Fernandez (1990), quando esta última chama atenção para relação ensinante-aprendente, Begler (1980) afirmava essa posição quando dizia:

> Em uma cátedra ou em uma equipe de trabalho, a simples colocação da necessidade da interação entre ensino e aprendizagem ameaça romper estereótipos e provoca o "aparecimento de ansiedades"; esta reação implica um bloqueio, uma verdadeira neurose do LEARNING, que, por sua vez, incide sobre os estudantes como "distorções da aprendizagem".
>
> O corpo docente teme a ruptura do *status* e o consequente caos e, neste sentido, é necessário analisar as ansiedades de ficar "nu", sem *status*, diante do estudante, que aparece então com toda a magnitude de um verdadeiro objeto persecutório; deve-se criar a consciência de que a melhor "defesa" é conhecer o que se vai ensinar e ser honesto na valorização do que se sabe e do que se desconhece. Um ponto culminante desse processo é o momento em que aquele que ensina pode

dizer "não sei" e admitir assim que realmente desconhece algum tema ou tópico do mesmo. Esse momento é de suma importância, porque implica, entre outras coisas, o abandono da atitude de onipotência, a redução do narcisismo, a adoção de atitudes adequadas na relação interpessoal, a indagação e a aprendizagem, e a colocação como ser humano frente a outros seres humanos e frente às coisas tais como elas são (p. 57 e 58).

Essa horizontalidade na sala de aula permite ao professor "descer do pedestal" e ver cada aluno como realmente é, que conhecimentos já traz, como funciona no dia a dia, para concluir sobre as diferenças e sobre os aspectos comuns, as possibilidades de criação individual e coletiva, erros construtivos individuais e os efeitos no coletivo. Tal procedimento do professor já há muito é apontado por pemagogos como Freinet (1947) quando fala da "pedagogia das águias", em que a águia como algumas crianças jamais subirá a escada do modo pelo qual o professor treinou a turma. Por sua vez, Makarenko, em *Poema pedagógico*, referenciado por Capriles (1989), já apontava a necessidade do professor sempre ressaltar os traços positivos, valorizando a parcela de contribuição de cada aluno, por menor que seja, para o sucesso da proposta, da tarefa realizada, isto combina com sua afirmação: "Exigir o máximo da pessoa e respeitá-la ao máximo".

Já é lugar comum falar-se que a escola reflete a sociedade em que está inserida no tempo e no espaço. Que relações podemos fazer entre esta constatação e as dificuldades de aprendizagem?

O que será a escola brasileira do Terceiro Milênio? O que é a escola "para a Modernidade" e a "escola tradicional"? Quais as diferenças concretas que chegam à sala, nos anos de 1990?

A educação brasileira tem vivido através de décadas de pesquisas e discursos inovadores produzidos basicamente nas universidades, e de nenhuma prática inovadora que se generalize no cotidiano da sala de aula nas escolas particulares e públicas. Por essa razão, aceitamos as ideias de autores como Freinet e Makarenko como *absolutamente* atuais.

Já dizia Freinet (1947) citado por Leite Filho (1994):

> A escola tem de reencontrar a vida, mobilizá-la e servi-la, dar-lhe um objetivo, e para isso deve abandonar as velhas práticas e adaptar-se ao mundo do presente e do futuro (p. 36).

Como bem situa Leite Filho (1994) a chamada modernização da escola não significa a compra de moderna tecnologia da educação, circuitos de TV e vídeo, laboratórios, informática de ponta, etc., mas sim a transformação mais profunda nos processos psicológicos e pedagógicos. Destacaremos algumas sugestões apresentadas pelo autor em "Educação para modernidade":

> *1º – Admitir que hoje a mídia é extremamente competente na transmissão de informação, superando em muito os métodos e técnicas de ensino tradicionais.*
>
> *2º – Considerar conteúdos como janelas (meios) que abrem a visão para o mundo que cerca o aluno.*
>
> *3º – Partir do princípio que o homem é um animal multimídia, ou seja, ao contrário de considerá-lo um animal fraco e incompetente, desprotegido e medíocre, acreditar na sua capacidade de multiprocessamento paralelo de informações, recebidas através de diferentes formas e meios.*
>
> *4º – Compreender que hoje nossa sociedade, não obstante se caracterize por grandes desigualdades sociais, é uma civilização videográfica e portanto a "escola não poderá prescindir destes recursos" sob pena de, em breve, termos um novo analfabeto, o "teleanalfabeto".*

5º – Admitir que os alunos hoje estão no auge de uma busca de meios de expressão.

6º – Utilizar tecnologias como meio e não como fim.

7º – Deixar os alunos pensar.

8º – Permitir que a escola seja viva, tenha vida (p. 37).

CONCLUSÃO

A avaliação psicopedagógica da criança de seis a doze anos, como qualquer diagnóstico, terá uma etapa de contextualização do cliente na sua história de vida, a que chamamos comumente de anamnese. Esta história não pode se restringir às relações familiares apenas, ela é necessariamente ampliada para a história clínica e *história escolar*.

Quando se faz a análise da *história escolar* é que consideramos essencial vermos os dois aspectos: a reação da criança à situação escolar ao longo do tempo, não só o seu rendimento escolar, como também sua relação afetiva com as diferentes escolas, turmas, professores, etc. Para maior compreensão da sua inserção nestas escolas torna-se indispensável, sempre que possível, fazermos a análise de como funcionam essas escolas, sua estrutura, ideologia, procedimentos pedagógicos e avaliativos, como realmente essa escola produz o conhecimento e de que tipo.

Por essa razão nos detivemos no levantamento de questões da instituição escolar, que tem reflexos na aprendizagem do aluno. É indispensável que o profissional que diagnostica analise criteriosamente todo o material escolar assim como realize entrevistas e estudos da realidade escolar vivida pela criança.

Consideramos que uma boa escola não pode ser patologizante, isto é, não pode provocar formações reativas e inibições em seus alunos quanto à aprendizagem escolar. Ela deve acima de tudo, ser estimulante, ser provocadora da busca do conhecimento, criar o ser desejante de aprender. Para isso a função dos profissionais da área da educação deveria ser:

1º – melhorar as condições de ensino para serem os professores mediadores no crescimento constante da aprendizagem dos alunos e assim prevenir dificuldades na produção escolar;

2º – proporcionar meios, dentro da escola, para que o aluno possa superar dificuldades na busca do conhecimento, anteriores ao seu ingresso na escola;

3º – Atenuar ou, no mínimo, contribuir para não agravar os verdadeiros problemas de aprendizagem nascidos ao longo da história do aluno e sua família.

Somente uma boa avaliação psicopedagógica do fracasso escolar de uma criança pode discernir e ponderar devidamente "o que" e "o quantum" é da criança, da escola, da família e da interação constante dos três vetores na construção das dificuldades de aprendizagem apontadas pela escola.

REFERÊNCIAS

ANDRÉ, Marli. E.D.A., "A avaliação da escola e a avaliação na escola". In: *Cadernos de Pesquisa*. Fundação Carlos Chagas, São Paulo, agosto 1990, n. 74, p. 68.

BARONE, Leda M.C. Algumas contribuições da psicanálise para a avaliação psicopedagógica. In: OLIVEIRA, V. Barros et al. *Avaliação psicopedagógica da criança de zero a seis anos*. Petrópolis: Vozes, 1994.

BLEGER, José. "Grupos operativos no ensino". In: *Temas de Psicologia*. São Paulo: Martins Fontes, 1980, p. 60.

CAPRILES, René Makarenko. *O nascimento da pedagogia socialista*. São Paulo: Scipione, 1989.

DE MARIA, Luzia. "Meu aluno, quem é essa criança?" *Informação Pedagógica*, n. 3, revista publicada pela Secretaria Extraordinária de Estado de Programas Especiais, Rio de Janeiro.

FERNANDEZ, Alícia. *A inteligência aprisionada* – abordagem clínica da criança e sua família. Porto Alegre: Artes Médicas, 1990.

FERREIRO, Emília & TEBEROSKY, Ana. *Psicogênese da língua escrita*. Porto Alegre, Artes Médicas, 1985.

JOLIBERT, Josette & colaboradores. Vol. I. *Formando crianças leitoras*. Porto Alegre, Artes Médicas, 1994.

_____. *Formando crianças produtoras de textos*. Vol. II. Porto Alegre: Artes Médicas, 1994.

LAJONQUIÈRE, Leandro de. *De Piaget a Freud* – a psicopedagogia entre o conhecimento e o saber. 3. ed. Rio de Janeiro: Vozes, 1993.

_____. "Um retorno a Piaget". *Revista do GEEMPA*. Porto Alegre, n. 2, nov. 1993.

LEITE FILHO, A. "Modernidade na educação". *Tecnologia educacional*. Rio de Janeiro, 1994, n. 116/117 ano 23 (p. 34).

MACEDO, Lino de. *Ensaios construtivistas*. São Paulo: Casa do Psicólogo, 1994.

PAIN, Sara. *A função da ignorância* – A gênese do inconsciente. Vol. 2. Porto Alegre: Artes Médicas, 1987.

_____. *A junçao da ignorância* – Estruturas inconscientes do pensamento. Vol. 1. Porto Alegre: Artes Médicas, 1987.

_____. *Diagnóstico e tratamento dos problemas de aprendizagem*. 2. ed. Porto Alegre: Artes Médicas, 1986.

VILLAS BOAS, Violeta. "A nova sociedade e o desafio da formação do educador". *Boletim*, "informe da Associação Brasileira de Educação", outubro 1994, n. 12.

VISCA, Jorge. *Clínica Psicopedagógica* – Epistemologia Convergente. Porto Alegre: Artes Médicas, 1987.

VYGOTSKY, L.S. *A formação social da mente*. São Paulo: Martins Fontes, 1989.

_____. LURIA, A.R., & LONTIERE, A. *Linguagem, desenvolvimento e aprendizagem.* 2. ed. São Paulo: Ícone, 1989.

WEISS, M.L.L. "Reflexões sobre a psicopedagogia na escola". *Psicopedagogia* n. 10, 21, p. 6-9. Revista da Associação Brasileira de Psicopedagogia, 1991. 2. ed.

_____. "Sucessos e insucessos de grupos psicopedagógicos, uma experiência escolar". *Psicopedagogia.* Revista da Associação Brasileira de Psicopedagogia, São Paulo, 2º sem. 1991, n. 10, 22, p. 40-43.

_____. *Psicopedagogia clínica:* uma visão diagnóstica. Porto Alegre: Artes Médicas, 1992.

_____. "Psicopedagogia institucional: controvérsias, possibilidades e limites". *A práxis psicopedagógica brasileira.* São Paulo, ABPp, 1994.

_____. WEISZ, Telma. "E na prática, a teoria é outra?" In: *Isto se aprende no ciclo básico.* Projeto Ipê da Secretaria de Estado de Educação, São Paulo, 1986.

CULTURAL

Administração
Antropologia
Biografias
Comunicação
Dinâmicas e Jogos
Ecologia e Meio Ambiente
Educação e Pedagogia
Filosofia
História
Letras e Literatura
Obras de referência
Política
Psicologia
Saúde e Nutrição
Serviço Social e Trabalho
Sociologia

CATEQUÉTICO PASTORAL

Catequese
Geral
Crisma
Primeira Eucaristia

Pastoral
Geral
Sacramental
Familiar
Social
Ensino Religioso Escolar

TEOLÓGICO ESPIRITUAL

Biografias
Devocionários
Espiritualidade e Mística
Espiritualidade Mariana
Franciscanismo
Autoconhecimento
Liturgia
Obras de referência
Sagrada Escritura e Livros Apócrifos

Teologia
Bíblica
Histórica
Prática
Sistemática

VOZES NOBILIS

Uma linha editorial especial, com importantes autores, alto valor agregado e qualidade superior.

REVISTAS

Concilium
Estudos Bíblicos
Grande Sinal
REB (Revista Eclesiástica Brasileira)

VOZES DE BOLSO

Obras clássicas de Ciências Humanas em formato de bolso.

PRODUTOS SAZONAIS

Folhinha do Sagrado Coração de Jesus
Calendário de mesa do Sagrado Coração de Jesus
Almanaque Santo Antônio
Agendinha
Diário Vozes
Meditações para o dia a dia
Encontro diário com Deus
Guia Litúrgico

CADASTRE-SE
www.vozes.com.br

EDITORA VOZES LTDA.
Rua Frei Luís, 100 – Centro – Cep 25689-900 – Petrópolis, RJ
Tel.: (24) 2233-9000 – Fax: (24) 2231-4676 – E-mail: vendas@vozes.com.br

UNIDADES NO BRASIL: Belo Horizonte, MG – Brasília, DF – Campinas, SP – Cuiabá, MT
Curitiba, PR – Fortaleza, CE – Juiz de Fora, MG – Petrópolis, RJ – Recife, PE – São Paulo, SP